D1725962

URAMAZONAS

SEPP FRIEDHUBER

URAMAZONAS
FLUSS AUS DER SAHARA

MIT BEITRÄGEN VON

KLAUS GIESSNER

HERBERT HABERSACK

GERO HILLMER

REINHARD KLAPPERT

FRIEDHELM THIEDIG

Akademische Druck- und Verlagsanstalt
Graz /Austria

INHALT

Vorwort

Sepp Friedhuber

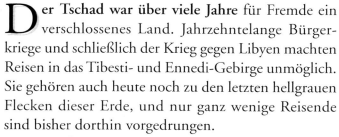

Das Universum-Filmteam in Ounianga Serir, dem nördlichsten Ort der Reise im Tschad.

Der Tschad war über viele Jahre für Fremde ein verschlossenes Land. Jahrzehntelange Bürgerkriege und schließlich der Krieg gegen Libyen machten Reisen in das Tibesti- und Ennedi-Gebirge unmöglich. Sie gehören auch heute noch zu den letzten hellgrauen Flecken dieser Erde, und nur ganz wenige Reisende sind bisher dorthin vorgedrungen.

Im Dezember 1997 hatte ich die Chance, diese abgelegenen Gebirge bereisen zu können. Ich war von Freunden aus der Universum-Redaktion des ORF beauftragt worden, nach einer Filmgeschichte Ausschau zu halten. Tief beeindruckt von der Großartigkeit der Natur, der Einsamkeit und Lebensfeindlichkeit kehrte ich nach einer fünfwöchigen Reise nach Hause zurück. Geschichte zu einem Film war mir keine eingefallen,

denn unsere Reise war überwiegend ein landschaftliches Erlebnis, aber ein Film braucht Leben sowie eine Story als roten Faden. Zufällig stieß ich im GEO-Spezial „Sahara" auf einen kurzen Beitrag, der die Theorie vom Uramazonas ansprach. Plötzlich wusste ich die Story zum Film.

Dass der Amazonas einst in der Sahara entsprungen sein soll – diese verrückte Idee weckte Interesse und Neugier.

Als ich mein Konzept dem Filmproduzenten Dieter Pochlatko von epo-film präsentierte, stieß ich sofort auf offene Ohren. Auch bei Werner Fitzthum und Dr. Walter Köhler von der Universum-Redaktion wurde die Idee positiv aufgenommen. ZDF und Doc Star als internationale Partner sowie das Bundesministerium für Unterricht und Kunst sicherten schließlich gemeinsam mit dem ORF die Finanzierung des Projektes. Nach zweijähriger Vorbereitung begann das Vorhaben Realität zu werden. Dr. Herbert Habersack wurde mit der Regie beauftragt, und der Geologe Prof. Dr. Gero Hillmer von der Universität Hamburg lieferte die wissenschaftlichen Hintergründe. Mit den Produktionsleitern Wolfgang Knöpfler und Hilde Petrus, den Kameramännern Sepp Neuper und Heinzi Brandner, den Kameraassistenten Klaus Achter und Martin Schmachtel sowie dem Tontechniker Joe Knauer stand ein Team bereit, das in der Lage war, unter härtesten Bedingungen zu arbeiten. Für die Flugaufnahmen begleitete uns Peter Schühle mit seinem Ultralight-Flugzeug. Jeweils einen Monat wurde im Tschad und in Südamerika gedreht.

Im September 2000 strahlte der ORF den Film im Rahmen der Sendung Universum aus. Die durch-

Vorwort

Sepp Friedhuber

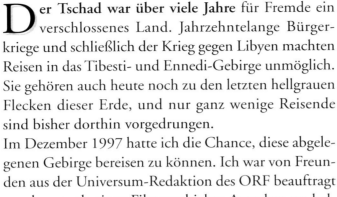

Das Universum-Filmteam in Ounianga Serir, dem nördlichsten Ort der Reise im Tschad.

Der Tschad war über viele Jahre für Fremde ein verschlossenes Land. Jahrzehntelange Bürgerkriege und schließlich der Krieg gegen Libyen machten Reisen in das Tibesti- und Ennedi-Gebirge unmöglich. Sie gehören auch heute noch zu den letzten hellgrauen Flecken dieser Erde, und nur ganz wenige Reisende sind bisher dorthin vorgedrungen.

Im Dezember 1997 hatte ich die Chance, diese abgelegenen Gebirge bereisen zu können. Ich war von Freunden aus der Universum-Redaktion des ORF beauftragt worden, nach einer Filmgeschichte Ausschau zu halten. Tief beeindruckt von der Großartigkeit der Natur, der Einsamkeit und Lebensfeindlichkeit kehrte ich nach einer fünfwöchigen Reise nach Hause zurück. Geschichte zu einem Film war mir keine eingefallen,

denn unsere Reise war überwiegend ein landschaftliches Erlebnis, aber ein Film braucht Leben sowie eine Story als roten Faden. Zufällig stieß ich im GEO-Spezial „Sahara" auf einen kurzen Beitrag, der die Theorie vom Uramazonas ansprach. Plötzlich wusste ich die Story zum Film.

Dass der Amazonas einst in der Sahara entsprungen sein soll – diese verrückte Idee weckte Interesse und Neugier.

Als ich mein Konzept dem Filmproduzenten Dieter Pochlatko von epo-film präsentierte, stieß ich sofort auf offene Ohren. Auch bei Werner Fitzthum und Dr. Walter Köhler von der Universum-Redaktion wurde die Idee positiv aufgenommen. ZDF und Doc Star als internationale Partner sowie das Bundesministerium für Unterricht und Kunst sicherten schließlich gemeinsam mit dem ORF die Finanzierung des Projektes. Nach zweijähriger Vorbereitung begann das Vorhaben Realität zu werden. Dr. Herbert Habersack wurde mit der Regie beauftragt, und der Geologe Prof. Dr. Gero Hillmer von der Universität Hamburg lieferte die wissenschaftlichen Hintergründe. Mit den Produktionsleitern Wolfgang Knöpfler und Hilde Petrus, den Kameramännern Sepp Neuper und Heinzi Brandner, den Kameraassistenten Klaus Achter und Martin Schmachtel sowie dem Tontechniker Joe Knauer stand ein Team bereit, das in der Lage war, unter härtesten Bedingungen zu arbeiten. Für die Flugaufnahmen begleitete uns Peter Schühle mit seinem Ultralight-Flugzeug. Jeweils einen Monat wurde im Tschad und in Südamerika gedreht.

Im September 2000 strahlte der ORF den Film im Rahmen der Sendung Universum aus. Die durchschnittliche Einschaltquote lag bei 940.000 Zusehern, der Spitzenwert war weit über eine Million. Damit rangierte der Film unter den zehn besten Universum-Sendungen des Jahres 2000. Auch bei den internationalen Fernsehstationen wurden Spitzenwerte erzielt. Beim Internationalen Berg & Abenteuer Filmfestival in Graz wurde der Film mit der Goldenen Kamera als beste Naturdokumentation ausgezeichnet. Der Höhepunkt war jedoch die Auszeichnung mit dem Kurier Fernsehpreis 2001, der Goldenen Romy. Wir erhielten den Spezialpreis der Jury für eine außergewöhnliche Leistung im Bereich des Filmschaffens.

Da mit einer Fernsehdokumentation jedoch keine wissenschaftliche Beweisführung über die Uramazonas-Theorie geliefert werden kann, beschlossen Gero Hillmer und ich, die Ergebnisse der Recherchen zu einem Buch zusammenzufassen.

Die international renommierten Wissenschaftler Prof. Dr. Klaus Gießner, Prof. Dr. Hellmut Grabert und Prof. Dr. Friedhelm Thiedig erklärten sich zur Mitarbeit bereit. Leider verstarb Dr. Grabert völlig überraschend. Mein Dank gilt seiner Gattin, Frau Dr. Gisela Grabert-Schlichting, die mir gestattete, die wissenschaftlichen Unterlagen ihres Gatten zu bearbeiten. Herbert Habersack brachte schließlich das Abenteuer Filmexpedition zu Papier. Das Buch soll nicht nur die wissenschaftliche Beweisführung für die Uramazonas-Theorie liefern, sondern auch das Abenteuer einer Filmexpedition in eine der unwirtlichsten Gegenden der Erde vermitteln. Wir hatten uns auf einen langen, beschwerlichen Weg gemacht und ein erdgeschichtliches Ereignis spannend und allgemein verständlich auf Film gebannt.

Ich hoffe, dass es uns mit dem Buch gelingt, seriöse wissenschaftliche Ergebnisse zu dokumentieren und erlebbar zu machen. Es soll jedoch auch die Faszination vermittelt werden, die mit dem Vordringen in Gebiete verbunden ist, in denen Menschen unter härtesten Bedingungen leben.

Bedanken möchte ich mich schließlich bei meinen Freunden Franz Aberham, Alfred Havlicek und Engelbert Kohl, die mir ergänzendes Fotomaterial zur Verfügung stellten. Der abschließende Dank gilt jedoch unseren Frauen und Familienmitgliedern, ohne deren Verständnis es nicht möglich gewesen wäre, das Film- und Buchprojekt zu verwirklichen.

Herbert Habersack und Sepp Friedhuber anlässlich der Verleihung der Goldenen Romy 2001 im Festsaal der Wiener Hofburg.

Die Expedition

Herbert Habersack

Doppelseite 8/9:
Kronendach des Amazonasurwaldes.
Tambobata, Madre de Dios, Peru.

Doppelseite 10/11:
Lagerfeuer in der Wüste, Tschad.

Die Forscher müssen verrückt sein, dachte ich, als man mir weismachen wollte, der Amazonas wäre in der Sahara entsprungen.

Nun sollte daraus ein Film werden, und ich hatte nicht rechtzeitig die Flucht ergriffen. Porträtiere mal einen Fluss, den es seit 100 Millionen Jahren nicht mehr gibt!

Ich muss verrückt gewesen sein, denke ich ein Jahr später, das dünne Schlafsäckchen über meinen Kopf gezogen, im verzweifelten Dialog mit meinen Notizen.

Wo seid ihr denn, ihr Kalenderbilder, die man begrüßt wie alte Bekannte in neuem Glanz?

Wo auch immer du hier in der Wüste die Kamera hinstellst, es wird kein Bild daraus! Was sich hier dem Auge bietet, ist das Gegenteil von Karneval und Alpental.

Beim Morgengrauen ist unser Lager mit einer dicken Sandschicht bedeckt, um bizarre Felstürme herum schmirgelt der Wind und treibt den Sand in die Weite hinaus, in Wellen und Wogen, als wäre es das Meer. Wie so oft ist das Licht – nach konventionellen Maßstäben – zum Filmen kaum brauchbar. Da taucht ein Kamel aus dem Nichts auf, schaukelt an uns vorbei wie ein Boot. Seine zwei Begleiter heben die Hand zum Gruß, und schon hat der Sturm sie wieder verschluckt. Das war sie, die exklusive, ja elitäre Schönheit, derentwegen die Propheten in die Wüste gehen. Die Schönheit des Augenblicks, die nichts mit Ästhetik zu tun hat; fast möchte ich sagen: ein göttlicher Funke. Selbstverständlich haben wir ihn versäumt.

Immerhin weiß ich nun: Das sind unsere Bilder! Wir können auf sie nur warten, hoffen. Nichts ist hier zu planen. Diese Schönheit muss erwartet werden. Alles andere ist Kunstgewerbe.

Die Idee, den Uramazonas in der Sahara zu suchen, verursachte mir als Filmer klarerweise auch nach diesem Erlebnis noch schlaflose Nächte, aber sie betörte mich nun immer mehr.

Es gibt eben wissenschaftliche Vorhaben, die sind so ungewöhnlich, kreativ, elegant, dass man sie einfach auch als „schön" bezeichnen könnte. Ich sage das ganz bewusst, schließlich ist die Schönheit seit Konrad Lorenz – so umstritten er sein mag – auch in der Naturwissenschaft erlaubt.

Ein wenig von dieser Schönheit – jener des Augenblicks und jener der Originalität des Unterfangens – wollten wir im Film festhalten und nun auch in diesem Buch.

Als Botschaft, nicht als Beute.

Es sollte eine Reise von den Quellen des heutigen Amazonas werden – bis dorthin, wo einstmals seine afrikanischen Quellen lagen. Und dazwischen: Stationen der Rätsel, Etappen der Beweise, Begegnungen mit dem Zufall, dem wichtigsten Verbündeten des Dokumentarfilmers – wenn man ihn zulässt.

Darum – anstelle eines Expeditionsberichts – hier nun ein paar Beispiele.

Sechs Geländeautos dröhnen aus der Hauptstadt des Tschad, N'Djamena, nach Norden – mit monumentaler Verspätung, aber afrikanische Fahrer lieben es, ihre Autos vor dem Start stundenlang warmlaufen zu lassen, gerade bei 40 Grad. Irgendetwas muss wohl daran gut sein.

Wir rumpeln über eine Steppenpiste, röhren bei stockdunkler Nacht durch ein schlafendes Fischerdorf, verbellt von 50 Hunden, um die Tschadsee-Fischer beim morgendlichen Anlanden ihres Fangs zu treffen.

GEDANKEN DES FILMREGISSEURS

Heute aber kamen die Fischer schon viel früher, denn in der Hauptstadt gibt es einen Staatsbesuch, und da werden untertags die Straßen gesperrt. Wir filmen statt dessen den Sonnenaufgang. In den Archiven lagern sicher schon Tonnen von Sonnenauf- und vor allem -untergängen (letztere sind bequemer zu kriegen), sie würden ein vielwöchiges Fernseh-Dauer-Programm abgeben – als „Protokolle der Ratlosigkeit".

Am nächsten Tag starten wir einen weiteren Versuch mit den Fischern, aus Vorsicht schon kurz nach Mitternacht. Nach Stunden stellt sich heraus: Heute kamen sie zwar nicht früher als sonst, dafür aber an einer völlig anderen Stelle an Land. Das Filmen von Sonnenaufgängen wird vom Regisseur (von mir) bis auf weiteres aus dem Drehprogramm gestrichen.

Statt dessen wollen wir fliegen.

Peter, unser Pilot, lässt Kameramann Sepp im Tandemsitz Platz nehmen, dann wirft er seinen Ultralight-Flieger mutig gegen die steife Brise. Die schlägt in der letzten Startphase plötzlich von der Seite zu, doch die Katastrophe bleibt aus – das Fahrgestell kappt beim Abheben lediglich einen Akazienast.

„Also solche Böe ...!", kommentiert der schwäbische Pilot nach der Landung, und Sepp zeigt mit dem Daumen nach unten. Bild gibt es also auch keines.

Diese Nacht und auch in den folgenden Nächten träume ich von Kalenderbildern, von Alpentälern, Blumenwiesen, vom Salzkammergut, von Gemüsemärkten, von Rio und Sambatänzerinnen, von Bierkisten. Untertags hingegen sehe ich jene Landschaft an mir vorbeiziehen, die der Geograph „arid" nennt.

Entlang des „Bahr el Ghazal", des Gazellentals (ohne Gazellen), arbeiten wir uns Kilometer für Kilometer

Der Ultralight-Pilot Peter Schühle, unser Führer Mohamed Zimber und Joe Knauer vor dem Start in Ounianga Serir.

Klaus Achter, Sepp Neuper und Joe Knauer bei den Dreharbeiten in der Guelta Archei.

Der Regisseur Herbert Habersack mit seinem Team während eines Sandsturms im Bahr el Ghazal.

Spartanischer Lagerplatz im Bahr el Ghazal. Im Vordergrund das zerlegbare Ultralight-Flugzeug.

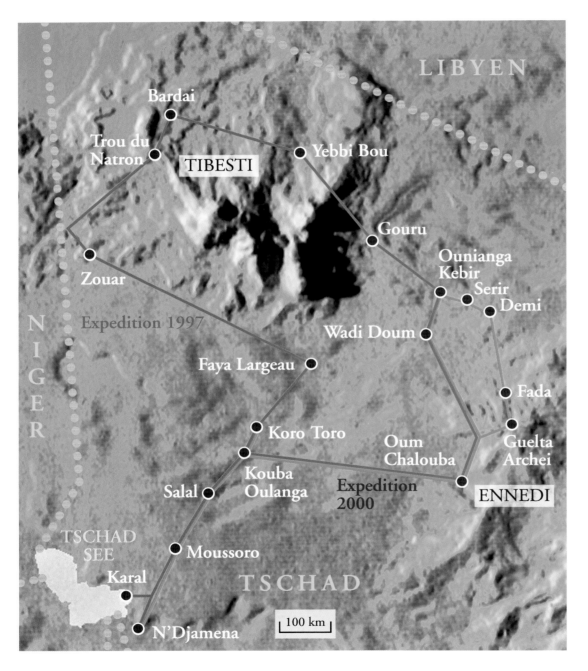

nach Nordosten vor, versuchen vom Uramazonas gleichsam Witterung aufzunehmen. Die wenigen Akazien an einer Böschung – jener Uferböschung des ehemaligen Gazellenflusses, der im ehemaligen Strombett des noch viel ehemaligeren Uramazonas geflossen war – helfen uns beim Filmen noch nicht wirklich.

Aber noch widerstehe ich der Versuchung, zur Beruhigung der Nerven unsere Expeditionsautos beim Vorbeifahren aufzunehmen oder gar „Expeditionsalltag" zu filmen. Denn „Alltag" ist, wie wir alle wissen, fast immer alltäglich, ergo langweilig. Sich vier Wochen nicht waschen zu können ist langweilig. Auch im Malariafieber liegende Übersetzer und mehrwöchige Darmerkrankungen sind letztlich langweilig. Nicht einmal unsere massiv verstaubten und versandeten Lagerplätze wären ein Bild wert.

„Jetzt hätte ich gerne alle hier, die so unbedingt einmal bei so was Spannendem dabei sein wollten." Und Sepp, der Kameramann, brilliert mit jener bodenständigen Fernsehmanagerin, die zuerst einmal ein „Sein S' froh, dass Sie auf unsere Kosten dort hinfahren dürfen!" den Gagenverhandlungen vorangestellt hat.

Zu den Bildern der Öde und der Ratlosigkeit aber kommt es nicht mehr. Denn am nächsten Morgen taucht das gespenstische Kamel im Sandsturm auf.

Der Sturm, ein erbitterter Feind der schönen Bilder und des Equipments, nunmehr ein Verbündeter! Wir sehen zwar wenig, doch wenn wir unsere Kamera dem mörderischen Sand aussetzen, dann macht sie meistens dramatische Bilder.

Am Brunnen von Kouba Olanga, auch er vermutlich ein Urenkel des Uramazonas, haben sich hunderte Kamele zur Tränke eingefunden. Im Sturm flattert und knattert die Kleidung der Karawanenleute, ihre Gesichter sind mit Turbanen verhüllt (sind sie Banditen?), einer der Bosse trägt sogar eine Staubbrille aus Rommels Zeiten. Wer glaubt, gefilmt zu werden, fordert Bezahlung. Wessen Kamele im Bild sind, der will noch mehr. Unsere Begleiter raten uns dringend, bald das Weite zu suchen.

Wir irren weiter durch die Wüste. Einmal nach links – vielleicht ist die Piste dort –, dann nach rechts, um wieder in fahrbares Gelände zu kommen.

Diesen Zickzackkurs kreuzt ein Mann, auf schnurgeradem Weg von irgendwoher nach irgendwohin. Er trägt ein schwarzes Sakko und eine Aktentasche. Ich taste nach meinem ruinierten Zahn, aus dem ich mit einer steinharten Dattel die Füllung herausgebissen habe. Okay, es schmerzt.

Als nach Tagen der Sturm etwas nachlässt, schon am Rand des Ennedi-Gebirges, treffen wir schließlich auf Panzer. Vorsichtig pirschen wir uns heran – wegen möglicher Minen, denn die mächtigen Rohre suchen keinen Gegner mehr. Von einem Turm-MG herab schlägt ein leerer Patronengurt gegen den sonnenheißen Stahl.

Hier wurde Krieg geführt, um Erdöl und Wasser, die unter dem Wüstenboden liegen sollen. Aber niemand hat hier Schätze gehoben, schon gar nicht die Soldaten. Hinter dem Panzer der Abdruck eines Militärschuhs im Sand, ringsum die strahlend weißen Knochen der libyschen Panzerbesatzungen, hier ein Essgeschirr, dort ein halber Schädel.

Aus den Dünen lösen sich kleine Sandlawinen, gleiten und huschen die Dünenflanken herab, im Fallen leben sie, für Sekunden, in wunderbaren Formen – und erstarren.

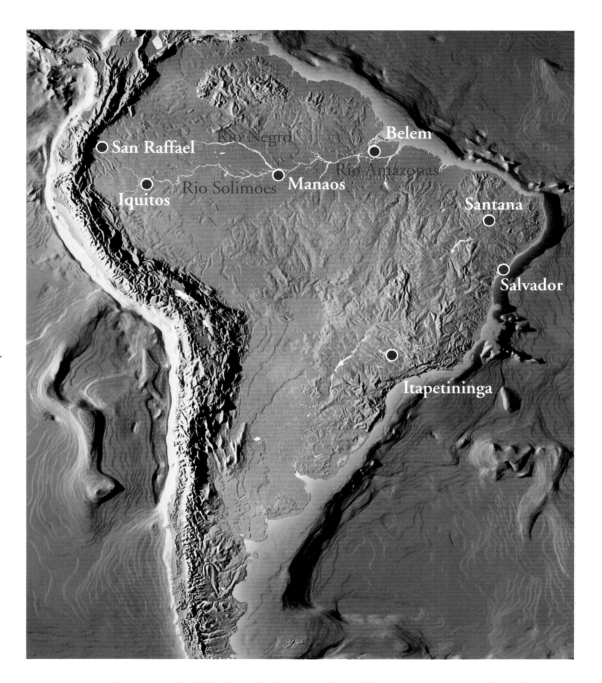

Seite 17:
Nach wie vor transportieren Salz-
karawanen das weiße Gold mehr als
tausend Kilometer von den Salzoasen
aus dem Norden des Tschad in die
Hauptstadt N'Djamena.

Seite 18:
Die Überreste eines libyschen Panzer-
fahrers im Wadi Doum. Das erschüt-
ternde Relikt eines sinnlosen Krieges.

Die Bibel oder der Koran können unmöglich in der Großstadt entstanden sein.

Uramazonas. Es musste eine Reise in archaische Zeiten werden. Und manche Stationen inszenieren sich wie von selbst. Begrüßen dich mit ihrer Musik. Das Krachen der Wasserfälle in Ecuador, das meterdicke Rauschen des Regens im Urwald. Die Brandung des Atlantiks. Der Wind in den Rohren der libyschen Panzer. Und das Brüllen der Kamele in der Guelta Archei. Die Stimmen der durstigen Tiere vervielfältigen sich in den himmelhohen Wänden zu einer Symphonie der Tausend. Im Inneren dieser Quellschlucht des Uramazonas lagern die Tiere an einem schmalen, aber lang gestreckten Gewässer, das in mehreren Biegungen bergwärts verschwindet.

Nachdem wir die Kamele beim ausgiebigen Trinken beobachtet haben (auch hier kosten Kamele im Bild eine Menge Geld), schultern wir unser Equipment und überschreiten in der glühenden Mittagshitze unter der Führung eines Hirtenjungen einen Bergkamm, um dem Geheimnis der Quelle des Uramazonas im eigentlichen Wortsinn auf den Grund zu gehen. Seit einer Stunde schon hören wir das auf- und abschwellende Gebrüll der Kamele, da verschlägt uns ein überirdisch schöner Blick auf die Schlucht den Atem.

Unter uns das grün spiegelnde Wasser und an seinem felsigen Rand, getarnt unter einem Busch, bewegungslos wie ein Stück Holz – ein Krokodil.

Wir wagen nur zu wispern. Ein Krokodil, mitten in der Wüste, 1500 Kilometer von seinen nächsten Verwandten entfernt! Durch einen unachtsamen Schritt lösen sich ein paar Steinchen, kollern über die Felskante, klatschen neben dem Krokodil ins Wasser – und schon ist es weg, verschwunden wie ein Traumbild! Mit den Minuten des Wartens werden die Gesichter immer länger, aber als wir schließlich die Kamera auf einer Felsrippe aufbauen, entdecken wir auf einer vorher nicht einsehbaren Sandbank ein zweites Krokodil – oder ist es dasselbe? Regungslos wie eine Skulptur liegt es da, das Maul weit aufgesperrt, als wäre es erstarrt vor den Unwirtlichkeiten einer neuen Zeit.

Die Kamera läuft, minutenlang. Es soll sich endlich bewegen! Die Methode ist unfein, aber wirkungsvoll. Der dritte Kiesel aus Joes, des Tonmeisters, Wurfhand schlägt knapp neben dem Krokodil ein. Es macht verärgerte Bewegungen, gleitet ins Wasser und driftet gemächlich Richtung Ausgang der Schlucht, hinaus aus unserer artilleristischen Reichweite.

Auch das zweite Krokodil zeigt sich nun wieder (oder ist es das dritte?), erfreut Kameramann Sepp mit allerlei Auf- und Abtauch-Manövern, was er mal heiter, mal zornig quittiert.

In der Zwischenzeit hat sich das von uns verscheuchte Krokodil bis auf wenige Meter an die Kamele herangeschoben! Ängstlich drängen sich die Jungtiere in die Herde hinein, schreien um Hilfe. Es dauert etliche Sekunden, bis ein Hirte zur Stelle ist. Wild gestikulierend und mit lauten Rufen läuft er auf das Krokodil zu. Blitzschnell wirft sich das Tier herum, ein mächtiger Satz, zwei gewaltige Paddelschläge. Im hoch spritzenden Wasser verschwindet es, taucht ab in sein trübes Reich und wart nie mehr gesehen.

An diesem Abend, nach dem dritten Becher Gandia – ein scheußlicher Rotwein aus dem Tetrapak, der es auf verschlungenen Wegen über einen libanesischen Händler in den Tschad und dann in unsere Proviant-

kiste geschafft hat – träume ich nicht von Kalenderbildern. Ich kann nicht schlafen – Kopfschmerzen – und krieche aus meinem Schlafsack.

Ich denke an den Zufall und die Schönheit, denen ich mich verschrieben habe, betrachte den Himmel über der Wüste und das allnächtliche Feuerwerk der Sternschnuppen.

Eine heimtückisch gespannte Zeltschnur, der letzte Schritt zur Weisheit, ein spektakulärer Sturz. Kosmisch und komisch sind nah verwandt.

Zufall?

Keine Ahnung, aber irgendwie auch schön.

Im Tschad müssen wir aufgrund der fehlenden Infrastruktur auch lebenden Proviant mitnehmen.

Am Tschadsee bringen die einheimischen Fischer das Filmteam zu den Drehorten.

Der Kamerakran ermöglicht das Filmen aus außergewöhnlichen Perspektiven.

Das Südamerika-Team von links nach rechts:
Joe Knauer, Heinzi Brandner,
Herbert Habersack,
Martin Schmachtel,
Annesuse und Michael Schwickert,
Gero Hillmer.

AMAZONIEN

SEPP FRIEDHUBER nach
wissenschaftlichen Unterlagen
von PROF. DR. HELLMUT
GRABERT

*Von den Anden bis zum Atlantik
durchquert der Amazonas auf einer
Länge von 7000 Kilometern die
tropischen Regenwälder Perus und
Brasiliens.*

„Amacunu" – **Wasserwolkenlärm** nennen die Indianer das Tosen, wenn tausende Tonnen Wasser über die Osthänge der Anden stürzen. Von diesem Wort dürfte der Name Amazonas abgeleitet worden sein.

Zwischen den Anden im Westen, dem Guayana- Hochland im Norden, dem Brasilianischen Bergland im Süden und dem Atlantik im Osten liegt das größte tropische Tiefland mit dem gewaltigsten Flusssystem der Erde – Amazonien. Es ist von immergrünen Regenwäldern bedeckt, die Alexander von Humboldt *Hyläa Amazonica* nannte.

Alles beherrschend sind im tropischen Regenwald die riesigen Ströme, Flüsse und Bäche, von denen viele größer sind als die größten Ströme Europas und Nordamerikas. Das Wasser dominiert im Lebensraum Amazonien: in Form von hohen Niederschlägen mit mehr als 3000 Millimeter pro Jahr, als Luftfeuchtigkeit, die

sich mit der Wärme zu einer drückenden Schwüle vereint. Das Wasser ist in der üppigen, vielfältigen Vegetation und schließlich im größten Flusssystem der Erde gebunden.

Ein Sechstel der weltweiten Süßwassermengen sind im Ökosystem Amazonien vereint und zirkulieren in einem ständigen, sehr kurz geschlossenen Kreislauf zwischen Verdunstung, Niederschlag und Speicherung. Im Zusammenwirken aller natürlichen Prozesse hat sich der artenreichste Lebensraum der Erde entwickelt, dessen komplexe natürliche Wechselbeziehungen bei weitem noch nicht restlos erforscht sind. Fest steht jedenfalls, dass der vernetzte Organismus Regenwald als ein Höhepunkt in der Evolution des Lebendigen betrachtet werden muss.

Das Einzugsgebiet des Amazonas-Flusssystems bedeckt mit fast acht Millionen Quadratkilometern eine Fläche, die fast derjenigen der Vereinigten Staaten entspricht. Mit einer Länge von 6788 Kilometern übertrifft der Fluss der Superlative den Nil um 117 Kilometer und ist damit auch der längste Fluss der Erde.

Die Wasserführung des Amazonas beträgt an seiner Mündung im Durchschnitt 35.000 Kubikmeter pro Sekunde, bei Hochwasser schwillt sie jedoch bis auf 160.000 Kubikmeter pro Sekunde an. An seiner Mündung ist der Strom 250 Kilometer breit und schiebt eine 40 Kilometer mächtige Süßwasserkalotte vor sich in den Atlantik hinein. Der Gezeitenfluss ist in der Gegenrichtung noch bis Obidos, 700 Kilometer landeinwärts, spürbar, und die Wellenfront, welche die in das Mündungsgebiet eindringende Flut gegen die herausdrängenden Wassermassen aufstaut, ist bis zu fünf Meter hoch und rast mit einer erheblichen Geschwindigkeit flussaufwärts. Dabei wird ein donnerndes Geräusch erzeugt, das die Waldindianer als *Poraroca*, krachendes Wasser, bezeichnen. Diese Wasserfront läuft zweimal pro Monat landeinwärts – bei Voll- und bei Neumond.

Der Amazonas entwässert gemeinsam mit dem Orinoko den größten Teil des nördlichen Südamerika. Den tiefen Untergrund des Einzugsgebietes bilden mehr als 500 Millionen Jahre alte kristalline Gesteine. Nur in wenigen Gebieten sind Ablagerungen des Erdaltertums und des Erdmittelalters erhalten geblieben – vorwiegend in der tektonischen Struktur des Amazonasgrabens. Nur eine relativ dünne Schicht jüngerer Gesteine bedeckt – von üppiger Vegetation überwuchert – das eigentliche Amazonasgebiet.

Das Entwässerungsnetz ist in seiner heutigen Form relativ jung und unterliegt ständigen Veränderungen. Seine Entstehung hängt mit dem Zerfall des Kontinents Gondwana zusammen.

Der Amazonasgraben stellte damals die Verbindung mit dem Pazifik her, und erst durch die Heraushebung der Kordilleren wurde der bis dahin offene Weg zum Pazifik abgeschnitten und sein Lauf nach Osten umgekehrt. Dort war nach dem Zerbrechen und Auseinanderdriften der Kontinente der Atlantik entstanden.

FORSCHER UND ABENTEURER

Die naturwissenschaftlichen Erkenntnisse verdankt Amazonien den Forschern und Abenteurern, die vor Jahrhunderten auszogen, um das sagenhafte Eldorado oder die geheimnisvolle *Hyläa Amazonica* zu

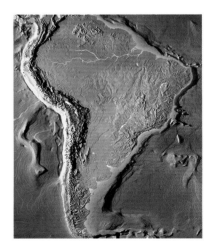

Amazonien bedeckt mit acht Millionen Quadratkilometern mehr als ein Drittel der Fläche Südamerikas.

erobern oder wissenschaftliche Zusammenhänge zu erforschen.

Das größte Stromnetz der Erde wurde 1499 vom spanischen Seefahrer Vicente Yan Pinzon entdeckt, der wie Columbus einen Weg nach Indien suchte. Er fuhr in die breite Amazonasmündung ein und glaubte vor der chinesischen Küste zu kreuzen. Weil er ein Süßwassermeer dahinter vermutete, nannte er den Amazonas *Mar Dulce*, das süße Meer.

1541 bis 1542 befuhr der spanische Kapitän Francisco de Orellana als erster Europäer den Strom von den Anden bis zur Mündung. Das größte Problem, das nach ihm auch alle anderen Abenteurer und Forscher begleitete, war für ihn und seine 60 Begleiter der Hunger. Die Reisenden stellten bald fest, dass auch die Eingeborenen an Hunger litten. Um zu überleben, plünderten sie die Dörfer der Indianer.

Hunger in dieser so üppigen Vegetation?

Dies vermerkte man schon damals mit Erstaunen. Aber warum ein üppiger Wald so wenig Verwertbares liefert, wurde erst um die Mitte dieses Jahrhunderts wissenschaftlich geklärt.

Die Böden, auf denen der Regenwald im zentralen Amazonien steht, sind derart arm an Nährstoffen, dass aus ihnen keine Reichtümer an Wild und Früchten herausgezogen werden können.

Von den Früchten leben die Tiere, von beiden die indianischen Menschen. Den Großteil ihres aktiven Lebens verwenden sie zur Nahrungssuche als Jäger und Sammler.

Im 18. Jahrhundert begannen die Europäer mit der Kolonialisierung Amazoniens entlang der Flüsse. Infolgedessen starb auch der größte Teil der Waldindianer

im Kampf, in der Versklavung oder als Opfer eingeschleppter Krankheiten.

Die ersten genauen Karten zeichnete 1735 der französische Wissenschaftler Charles de Condamine. Seine Berichte über die wundersame Pflanzen- und Tierwelt des tropischen Regenwaldes zogen weitere Naturforscher magisch an. 1799 landete Alexander von Hum-

Naturvölker sind die letzten unverfälschten Zeugen für die Evolution des menschlichen Verhaltens.

Seite 24:
Die Nasen- und Lippenpflöcke symbolisieren die Schnurrhaare des Jaguars.

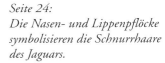

Die Yanomami sind mit 15.000 Angehörigen der größte Stamm der Waldindianer. Sie leben als halbnomadisierende Jäger und Sammler zwischen den Flüssen Amazonas und Orinoko im Grenzgebiet von Venezuela und Brasilien.

*Die Geschichte der Yano-
mami ist die Geschichte der
verhängnisvollen Begegnung
des modernen Zivilisations-
menschen mit dem Steinzeitmenschen. Diese Indianer
gelten als direkte Über-
lebende aus archaischer Zeit.*

PAUL WOLF

boldt mit dem Botaniker und Ethnologen Aimé Bonpland im venezolanischen Cumana. Die fünf Jahre
dauernde Expedition führte die beiden Forscher den
Orinoko hinauf, bis in sein Quellgebiet. Sie befuhren
schließlich die eigenartige Wasserverbindung zwischen
dem Orinoko und dem zum Amazonas fließenden Rio

Negro. Je nach Wasserstand pendelt im Verbindungs-
fluss Casiquiare Wasser vom einen zum anderen Flusssystem. Obwohl Humboldt und Bonpland den Amazonas nie erreichten, brachten ihre Forschungen
revolutionäre Ergebnisse über das Ökosystem Amazonien zu Tage. Humboldts genialer Geist hat die kom-

*Yanomami sind Meister im Umgang
mit Pfeil und Bogen. Bis vor wenigen Jahrzehnten führten sie ein
Leben im Einklang mit der Natur.
Seit in ihrem Stammesgebiet Gold
gefunden wurde, sind sie in ihrer
Existenz massiv bedroht. Die
so genannte Zivilisation wird in
absehbarer Zeit ihr Ende besiegeln.*

plizierten Querverbindungen und Abhängigkeiten zwischen belebter und unbelebter Natur erkannt und mit seinen vernetzten Denkmustern viele systematisch und linear denkende Naturwissenschaftler überfordert. Doch auch heute sind bei weitem nicht alle Geheimnisse Amazoniens erforscht und geklärt.

AMAZONIEN LEBT VON DER SAHARA

Lange war das Phänomen, dass der üppige tropische Wald Amazoniens auf einem der ärmsten Böden der Erde steht, nicht erklärbar. Der Untergrund gibt den Bäumen lediglich Halt, dient ihnen aber nicht, wie bei all den anderen Wäldern der Erde, als Nährstoffquelle. Sein extrem artenreiches und vielschichtiges Ökosystem, das sich in Jahrmillionen seit dem Mesozoikum ungestört entwickeln konnte, ermöglicht ihm die optimale Nutzung der begrenzten Nährstoffmengen.

Diese zirkulieren durch die Organismenketten im Ökosystem Regenwald, da im Boden keine Nährstoffreserven vorhanden sind. Schwebstoffreiche Flüsse sorgen dort, wo es während der Regenzeit zu großflächigen Überschwemmungen kommt, für eine regional begrenzte Nährstoffzufuhr.

Dennoch werden jährlich Millionen Tonnen in den Atlantik geschwemmt. Daher stellt sich die Frage, wie die Mineralstoffdefizite ausgeglichen werden, die durch den ständigen Abtransport durch das Wasser der Flüsse entstehen.

Dass dafür die verfrachteten Sande aus der Sahara verantwortlich sind, klingt im ersten Augenblick unwahr-

scheinlich. Doch aus Satellitenbildern der NASA kann man ersehen, dass Staubwolken innerhalb von zwei Wochen vom Nordostpassat aus der Sahara über den Atlantik getragen werden und dort mit den schweren Regengüssen niedergehen.

Etwa 200 Millionen Tonnen Staub werden auf den Atlantik hinausgeweht. Forschungen haben ergeben, dass ungefähr ein Zehntel davon über dem Amazonasregenwald abgeregnet und in den ökologischen Kreislauf eingebracht wird. Diese Menge dürfte ungefähr der ausgeschwemmten entsprechen und die Mineralstoffbilanz ausgleichen.

Somit besteht nach wie vor eine lebenswichtige Verbindung zwischen dem Amazonas und seinem ursprüng-

Durch das Kronendach der Urwaldriesen dringt nur ganz wenig Licht zum Boden. Das üppige Leben spielt sich vorwiegend in den oberen Etagen ab.

Bromelien sind Epiphyten, so genannte Aufsitzerpflanzen. Mit ihren trichterförmigen Blattrosetten fangen sie das Regenwasser auf und beziehen so die darin gelösten Mineralstoffe, die durch die Passatwinde von der Sahara über den Atlantik in das Amazonasbecken verfrachtet wurden.

lichen Quellgebiet in der Sahara. Über eine atmosphärische Brücke ernährt die größte Wüste nach wie vor den artenreichsten Lebensraum der Erde.

Der sehr kurz geschlossene Kreislauf an Nährstoffen wird durch das außerordentlich dichte, in der obersten Bodenschicht liegende Wurzelsystem gewährleistet. Es wirkt wie ein Filter, der alle Mineralien, die bei der raschen Zersetzung der tierischen und pflanzlichen Organismen frei werden, wieder sammelt und in die lebende Substanz des Waldes zurückführt. So zirkulieren diese Nährstofffe durch viele Generationen von Regenwaldorganismen, ohne den ökologischen Kreislauf zu verlassen.

Im warmen feuchttropischen Klima finden Pilze und Bakterien ideale Lebensbedingungen vor, und selbst widerstandsfähige Zellulosestrukturen werden innerhalb von drei Monaten restlos zerstört und mineralisiert. Das Wasser aus den Baumkronen, das entweder als Tropfwasser oder als Stammablauf den Boden erreicht, beinhaltet jene Mineralstoffe, die aus Verwesungsprozessen in den Epiphyten und entlang des Stammes entstehen. Auch diese werden sofort in den Kreislauf aufgenommen.

Die überaus reiche Epiphytenflora, die hauptsächlich aus Orchideen und Bromelien besteht, und die von ihr abhängige Fauna verdanken ihre Existenz jedoch vorwiegend den aus dem Regen stammenden Mineralien, die wiederum mit den Passatwinden aus der Sahara nach Amazonien verfrachtet wurden.

Werden kurz geschlossene Kreisläufe aufgebrochen, beispielsweise durch massive Holzentnahme, führt dies zu einem nicht mehr auszugleichenden Stoffverlust und zu irreparablen Schäden am Ökosystem Regenwald.

Arme Böden, üppiger Wald

Die relative Armut des Amazonasregenwaldes wird erst im Vergleich mit anderen Regenwäldern deutlich, die auf nährstoffreicheren Böden stehen, wie zum Beispiel jene im Kongo oder in Indonesien. Die Bäume im Kongo sind um zirka zehn Prozent höher. Gegen jenen auf den extrem nährstoffreichen, vulkanischen Böden Indonesiens wuchernden Regenwald wirkt der von Amazonien geradezu armselig. Wohlgemerkt: nicht auf die Artenvielfalt, sondern auf die Üppigkeit bezogen. Die Artenzahl ist abhängig von der Dauer der kontinuierlichen Evolution und diese verläuft in Amazonien seit mehr als 50 Millionen Jahre unter relativ konstanten ökologischen Rahmenbedingungen. Auch das Ausbleiben von extremer Dürre und Frost sowie die nach dem Bruch Gondwanas erfolgte Isolation Südamerikas führten zu einer sehr eigenständigen Entwicklung von Flora und Fauna.

Erst im Pliozän vor drei bis fünf Millionen Jahren verbanden sich Nord- und Südamerika. Über die mittelamerikanische Landbrücke konnten Tier- und Pflanzenarten sowohl von Süd nach Nord als auch in der Gegenrichtung migrieren.

Das Wechselspiel von Klimaschwankungen und unterschiedlichen Faktoren der Bodenbildung hat seit dem älteren Tertiär die Lebensgrundlagen für den heutigen Regenwald gebildet. Als im oberen Miozän die Antarktis auf ihrer Drift nach Süden in den polaren Einfluss kam, änderte sich das globale Klima grundlegend – es wurde kälter.

Doch da sich Amazonien immer in Äquatornähe befand, dürfte sich dies auf den dortigen Lebensraum nicht allzu gravierend ausgewirkt haben. Wesentlich bedeutsamer waren die damit verbundenen Schwankungen der Niederschläge. So lässt sich nachweisen, dass Amazonien in den trockeneren Klimaperioden weitgehend mit einer Steppenvegetation bedeckt war, die an den Campo Grande Brasiliens oder an die Gran Sabana Venezuelas erinnert.

In niederschlagsreicheren Perioden hingegen wachsen diese Areale mit der Hyläa zu, bis eine zusammenhän-

gende Regenwaldbedeckung entsteht. Das ist heute der Fall. So ist zwar das Schrumpfen und Ausdehnen des Waldes zu erklären, doch die meteorologischen Ursachen sind weiterhin unbekannt.

Da dieses Pulsieren des Amazonasregenwaldes recht deutlich im Pleistozän zu erkennen ist, wird eine Beziehung zu den sich global auswirkenden Eis- und Zwischeneiszeiten angenommen. Worauf jedoch das Trockenwerden in den Glazialzeiten meteorologisch

Pleistozän   1,8 Mio. – 10.000 Jahre

Ein undurchdringliches Bollwerk aus Ästen, Blättern und Lianen säumt die Uferzonen der Flüsse.

Doppelseite 30/31:
Die Vielfalt des tropischen Lebens,
das im Regenwald jedoch nur schwer
zu finden ist.

zurückzuführen ist, wird auch heute noch von Wissenschaftlern untersucht.

Eine restlose Vernichtung des tropischen Regenwaldes während einer Trockenzeit ist jedoch keineswegs anzunehmen. Auch heute noch sind in den angrenzenden Regionen Amazoniens, insbesondere im Gebiet des brasilianischen Campo Cerrado, Regenwaldstreifen vorhanden, in denen die typische Regenwaldflora überdauert. Diese Streifen verlaufen meist parallel zu den Flüssen, wo durch das Grundwasser genügend Feuchtigkeit für die Regenwaldflora vorhanden ist. Außerdem könnte sich dort ein eigenes, nur auf den Galeriewaldstreifen beschränktes Kleinklima entwickelt haben. So wird es im Amazonasgebiet viele, wenn

auch meist isolierte Waldrefugien gegeben haben, aus denen sich der Regenwald bei zunehmenden Niederschlägen wieder ausdehnen konnte.

Damit wäre zwar zu erklären, dass die Fläche des Regenwaldes beträchtlichen Schwankungen ausgesetzt war. Eine Auflösung der geschlossenen Waldflächen in inselartige Waldrefugien, die von Savannen umgeben waren, ist nicht anzunehmen. Doch deutet vieles darauf hin, dass die eingesprengten Savanneninseln in der Trockenzeit nur größer geworden sind.

Die einheitliche Waldbedeckung der beiderseits des Äquators sich erstreckenden, nur wenige Meter über dem Meeresspiegel liegenden Amazonasniederung bedingt ein relativ einheitliches Tropenklima. Es

Tambobata Nationalpark, Madre de
Dios, Peru:
Aras, die fliegenden Clowns,
besuchen am Morgen eine Lehmwand,
wo sie sich Mineralien holen,
um die schädigende Wirkung giftiger
Früchte zu neutralisieren.

Seite 33:
Der Jaguar, die größte Katze
Amerikas, ist ein scheuer Jäger.

herrscht eine gleichmäßige Wärme von 24 bis 26° C, auch die Temperaturschwankungen sind gering. Selbst die Maxima bleiben unter 40° C, die Minima sinken selten unter 20° C.

Die Hauptregenmengen fallen zwischen Dezember und Mai und der Südostpassat führt die Regenwolken vom Atlantik bis an die Ostabhänge der Anden und an das Bergland von Guayana, wo besonders schwere Regengüsse niedergehen. Von Juni bis November folgt eine trockenere Periode, doch gibt es kaum einen Monat ohne Niederschläge.

Das feuchtwarme Klima steuert die Bildung der Böden. Weite Teile Amazoniens, besonders die höher gelegenen Randgebiete, tragen eine tiefgründige, oft mehr als zehn Meter mächtige Verwitterungsdecke aus Roterden.

Der Salto Ángel am Auyan Tepui in Venezuela ist mit einer Fallhöhe von fast 1000 Metern der höchste Wasserfall der Welt. Die Sandsteine der Tafelberge wurden vor 1,8 Milliarden Jahren abgelagert. Aus diesen Gebirgen wurde der Amazonas gespeist, als er nach der Trennung der Kontinente weiterhin nach Westen floss und im Pazifik mündete.

DIE GEWÄSSER

Die Gewässer Amazoniens werden in neutrale Weißwässer, in saure Klarwässer und in extrem saure Schwarzwässer eingeteilt (Sioli, 1963–1965). Weißwasserflüsse – *aqua branca* – führen einen hohen Schwebstoffanteil, die Sichttiefe ist mit weniger als einem halben Meter äußerst gering. Das gilt für den Amazonasstrom mit seinen wichtigsten Flüssen Solimões und Rio Madeira sowie für den Rio Branco. Die Schwarz- und Klarwasserflüsse im zentralen Amazonien wurden bereits von Humboldt erstmals wissenschaftlich beschrieben. Aus medizinischer Sicht hat man wegen der epidemisch auftretenden Malaria den Weiß- und Schwarzwässern besondere Aufmerksamkeit geschenkt, wobei vor allem die Bedeutung des Säuregrades für das Auftreten der Krankheit erkannt wurde.

Neben der Farbe ist der Säuregrad der wichtigste Einteilungsfaktor der Wässer. Weißwässer sind im Verhältnis zu Schwarzwässern nur selten anzutreffen. Die mitgeführten Schwebstoffe sind nicht nur für die Pflanzenwelt nährstoffreich, sondern bieten auch der Fauna optimale Lebensbedingungen. Dies wirkt sich aufgrund einer vielfältigen Nahrungskette letztendlich auch auf den Fischreichtum aus.

Andererseits ist im Bereich dieser Flüsse die Dichte blutsaugender Insekten mitunter so unerträglich, dass entlang mancher Uferabschnitte eine dauerhafte Besiedlung illusorisch ist. In allen Weißwassergebieten tritt Malaria auf, sofern der Mensch als Träger der Plasmodien einwandert. Schwarzwasserflüsse – *aqua preta* – haben eine oliv- bis kaffeebraune, manchmal sogar rotbraune Farbe. Sie sind meistens durchsichtig, weil sie wenig Schwebstoffe führen. Ihre Sichttiefe beträgt daher zwischen 1,3 und 2,5 Meter. Der bekannteste Vertreter dieses Gewässertyps ist der Rio Negro. Dieser Fluss mündet unterhalb von Manaus in den Weißwasserfluss Rio Solimões und bildet mit ihm ab hier den Rio Amazonas.

Der Zusammenfluss zweier solch unterschiedlicher Gewässer ist sowohl vom Boot als auch von der Luft aus zu beobachten. Da auch die Temperatur der beiden Flüsse unterschiedlich ist, schichtet sich das kühle Weißwasser des Rio Solimões unter das wärmere Schwarzwasser des Rio Negro. Beide Wässer laufen lange unvermischt nebeneinander her. Schwarzwässer enthalten sehr viele chemische Bestandteile, die bei der Zersetzung pflanzlichen Materials entstehen.

Daraus resultiert der hohe Säuregrad, der für die meisten tierischen Organismen – besonders Insekten und deren Larven – ungünstige Lebensbedingungen bietet. Trotzdem werden kleine schwarze Fliegen, so genannte *Puri Puri*, wie es auch schon Alexander von Humboldt beschrieben hat, zur unerträglichen Qual. Wegen des fehlenden Planktons ist der Fischbestand sehr gering.

Klarwasserflüsse wurden lange nicht als eigenständiger Gewässertypus erkannt. Ihr Wasser ist gelb- bis olivgrün und transparenter als das Schwarzwasser. Die Sichttiefen betragen bis zu 4,5 Meter, weil kaum Schwebstoffe auftreten. Die bedeutendsten Vertreter sind der Rio Xingu und der Rio Tapajóz, die das Brasilianische Bergland entwässern.

Das Zusammenwirken der Faktoren Vegetation, Bodenbildung und geologischer Untergrund spielt eine bedeutende Rolle bei der Entstehung der drei unterschiedlichen Gewässertypen im Amazonas-Orinoko-Becken.

Orchideen sind mit zirka 30.000 Spezies die artenreichste Pflanzenfamilie. Viele Orchideen können nur von einer ganz bestimmten Insektenart bestäubt werden. Das Verschwinden eines Partners bewirkt auch das Aussterben des anderen.

FLUSSDELFINE, EINE FAUNISTISCHE KURIOSITÄT

Die Auffaltung der Anden blockierte erst vor einigen Millionen Jahren die ursprüngliche Mündung des Amazonas in den Pazifik bei Guayaquil. Daraufhin kehrte er seine ursprüngliche Flussrichtung um. Der Wissenschaft war schon lange bekannt, dass die Fischfauna im Oberlauf des Amazonas eigenartige Besonderheiten aufweist. So kommen an der Ostseite der Anden Fischarten vor, die ihre nächsten Verwandten im Pazifik haben.

Die kleine Süßwasserseezunge *Archiropsis nattereri* sieht wie eine im Wachstum zurückgebliebene marine Seezunge des Pazifiks aus. Ein weiteres Beispiel ist die Süßwassersardine *Lycengraulis batesii* im Einzugsgebiet des Rio Ucayali in Peru. Sie ist der marinen Form *Engraulis ringens* sehr ähnlich, welche die riesigen Sardinenschwärme im pazifischen Humboldtstrom bildet. Auch die im subandinen Süßwasser lebenden Garnelen, Hornhechte und Pfauenaugen-Stachelrochen haben nahe Verwandte an der heutigen Pazifikküste.

Das wohl spektakulärste Beispiel einer solchen Anpassung und einer extremen Faunenwanderung stellen die Süßwasserdelfine der Gattung *Inia* dar. Sie besaßen einen marinen Vorläufer im Pazifik. Von ihm fand man bisher zwar keine Fossilien, aber seine einstige Existenz muss angenommen werden, da Versteinerungen jüngerer Vertreter in subandinen Süßwasserablagerungen gefunden wurden. Die marinen Delfine der *Inia*-Vorläufer haben sich vor zirka 26 Millionen Jahren aus einer später aussterbenden Gattung *Squalodontoida* entwickelt.

Sie lebten im Brackwasser der damaligen Küstengewässer und wanderten dann in die Seen auf der Ostseite der entstehenden Kordilleren ein. (Auch bei den oben genannten Fischarten war dies in ähnlicher Weise der Fall.) Dort passten sie sich an das Leben im Süßwasser an und wurden heimisch. Durch die fortschreitende Heraushebung der Anden wurde ihre letzte Verbindung zum Pazifik versperrt, und sie passten sich ganz dem Leben in den subandinen Binnenseen an. Dies fiel ihnen als lungenatmende Säugetiere leichter als den diversen Fischarten.

Hier entwickelten sich die *Iniidae* nun zur Stammform *Inia boliviensis*. In den an Schwebstoffen reichen Gewässern reduzierten sie ihren Sehapparat, denn gute Augen waren im Trübwasser nicht mehr notwendig. Dafür entwickelten sie ihre schon vorhandene Echoortung durch Ultraschallsignale weiter.

Eine erneute Wanderung und Weiterentwicklung durchliefen die *Iniidae*, als ihnen das viel größere und vielfältigere Flusssystem des Amazonas und des Orinoko zur Verfügung stand. Von den trüben Gewässern des Beni-Sees wanderten sie in die Amazonas-Fließgewässer ein.

Der Beni-See war Bestandteil eines großen Seensystems an der Ostseite der Anden, die damals gerade aus dem Meer gehoben wurden. Dem ursprünglich nach Westen fließenden Amazonas war der Ausfluss in den Pazifik versperrt, und es bildeten sich im Zuge der Flussumkehr riesige Rückstaubecken.

Die *Iniidae* setzten ihre Evolution zum höher entwickelten *Inia geoffrensis* fort, indem sie die Entwicklung

des Gehirns forcierten. Schließlich entstanden im Amazonas und im Orinoko zwei Unterarten, die durch das Schwarzwasser des Rio Negro voneinander getrennt wurden.

Eine Rückwanderung in das Meer erfolgte nicht, obwohl dies durch die Unterläufe von Amazonas und Orinoko leicht möglich gewesen wäre. Somit bleiben die Flussdelfine eine Kuriosität des Amazonas.

Die grüne Lunge der Erde

Amazonien, das größte Regenwaldgebiet der Erde, ist der Inbegriff eines komplexen Ökosystems. Es hat sowohl als Biomasse- und Sauerstoffproduzent wie auch als Kohlendioxid-Absorbierer eine globale Bedeutung für das Leben auf unserem Planeten. Ein Quadratmeter Boden wird von sieben Quadratmetern

Flussdelfine leben im Oberlauf des Amazonas und des Orinoko. Wegen des trüben Wassers haben sie im Lauf der Evolution ein Sonarsystem zur Orientierung und zum Beutefang entwickelt.

In Amazonien hat die Evolution ihre größte Vielfalt hervorgebracht. Wann kommt die Menschheit endlich zur Besinnung und stoppt die Zerstörung dieses Garten Edens?

Blattfläche überlagert. Dies erklärt die gigantische Produktivität der tropischen Regenwälder.

Der massive Eingriff des Menschen hat in der letzten Hälfte des 20. Jahrhunderts zu einer großflächigen Vernichtung der tropischen Regenwälder geführt. In Afrika ist nur mehr ein Viertel der ursprünglichen Fläche übrig geblieben. Weite Teile Amazoniens wurden ebenfalls zerstört. Da aber Amazonien mit seiner riesigen Weite und mit seinen armen Böden nicht das erfüllen kann, was seine üppige Natur zu versprechen scheint, zeigen sich die Probleme der Siedlerpolitik immer deutlicher.

Jährlich kommen riesige Flächen unter die Säge oder werden brandgerodet. Die Brandrodung wirkt sich besonders fatal aus, denn dabei werden gerade jene Blattflächen, die CO_2 aufnehmen sollten, vernichtet. Durch die Verbrennung entweichen enorme Mengen an CO_2 in die Atmosphäre, und so werden der Treibhauseffekt und die Klimaerwärmung auf der Erde beschleunigt.

Nach wenigen Jahren ist das durch Brandrodung gewonnene Ackerland ausgelaugt und unfruchtbar. Also müssen immer neue Flächen gerodet werden – der Teufelskreis setzt sich kontinuierlich fort. Inzwischen sind die Regenwälder auf die Hälfte ihrer ursprünglichen Fläche geschrumpft. Ein Flügel der „grünen Lunge" wurde bereits amputiert.

Der Sonnenaufgang über den Regenwäldern des Tambobata Nationalparks in Peru ist ein farbenprächtiges Schauspiel. Durch die Kraft der Sonne wird am Vormittag die Feuchtigkeit aufgesogen. Ab Mittag gehen schwere Gewitterregen über dem Amazonasbecken nieder.

GONDWANA

GERO HILLMER
FRIEDHELM THIEDIG

Perm	290 – 248 Mio. Jahre
Jura	205 – 142 Mio. Jahre
Kambrium	545 – 495 Mio. Jahre

Wollte ein Reisender den Ursprung des Amazonas aufsuchen – er würde die Quelle dieses riesigen Flusses niemals finden. Es gibt sie nämlich nicht, weil unzählige Quellflüsse in den Anden auf einer Länge von mehr als 3000 Kilometern zwischen Bolivien und Kolumbien sowie in Nordwest-Brasilien den größten Fluss unserer Erde speisen.

Seine schwer vorstellbare Größe und seine gewaltigen Wassermassen verleiten zu der Annahme, dass dieses Geschehen seit ewigen Zeiten andauert. Dennoch fließt der Amazonas erst seit jüngsten Zeiten der Erdgeschichte in den Atlantik.

Geologische Feldarbeiten im Amazonasbecken anlässlich der Suche nach Erdöllagerstätten in den sechziger Jahren haben mit über 200 Tiefbohrungen eine Fülle von neuen Erkenntnissen gebracht.

Daraus folgt, dass man in der Vergangenheit der Erdgeschichte die Quellregion des Amazonas im Osten Brasiliens suchen müsste. Ein Brasilienkenner, der Geologe H. Grabert, hat 1976 und 1991 aus der Kenntnis der Bohrergebnisse im Amazonasgebiet angedeutet, dass die Quellen des Uramazonas sogar eine Zeit lang im Herzen Afrikas, im Tschadbecken, gelegen haben könnten. Dies hat U. George dann 1992 im GEO-Sonderband „Sahara" anschaulich dargestellt.

DIE ENTDECKUNG

Die Entwicklungsgeschichte des Amazonas-Stromsystems ist untrennbar mit der Entstehung und dem Zerfall des Großkontinents Gondwana verbunden. Gondwana bestand im ausgehenden Erdaltertum

aus den Kontinenten Südamerika, Afrika, Indien, Australien und der Antarktis.

Der Begriff Gondwana wurde erstmals 1872 vom Geologen H. B. Medlicott für eine Abfolge von Ablagerungen in Vorderindien verwendet. In seinem berühmten Buch „Antlitz der Erde" verwendete E. Süss 1885 den Begriff Gondwana für die zusammenhängenden Gesteinsplatten auf den Südkontinenten.

1912 benützte A. Wegener den Terminus in Verbindung mit seiner Kontinentalverschiebungshypothese. Pangäa, Gesamterde, nannte er den Megakontinent, der am Ende des Paläozoikums durch die Verschweißung des Südkontinents Gondwana mit dem Nordkontinent Laurasia entstanden war.

Dieser einzige, riesige Kontinent hatte etwa 100 Millionen Jahre – vom Perm (vor zirka 280 Millionen Jahren) bis in den unteren Jura (vor zirka 180 Millionen Jahren) – Bestand.

Über den gesamten Riesenkontinent waren verschiedene Tiere und Pflanzen verbreitet: z. B. der Farnsamer *Glossopteris* oder verschiedene Reptilien wie der kleine Mesosaurus. Ebenso existierte eine Kaltwasserfauna, als Beispiel sei hier die Muschel *Eurydesma* genannt. Fossilien dieser Vertreter werden auf dem gesamten Gebiet des ehemaligen Kontinents Gondwana gefunden.

DIE ENTWICKLUNG

Zu Beginn des Erdaltertums, im Kambrium vor etwa 545 Millionen Jahren, bildete sich ein Großkontinent auf der südlichen Halbkugel der Erde. Dieser hatte sich im Laufe eines unvorstellbar langen Zeitraumes von vier Milliarden Jahren wie ein Puzzle aus einer Reihe von kleineren Kontinentalplatten zusammengefügt. Heute bewegen sich kontinentale und ozeanische Gesteinsplatten gegen- oder auseinander. Ob derartige Vorgänge auch damals zum Zusammenschluss des Großkontinents führten, wissen wir nicht.

Auf jeden Fall gab es Kollisionen zwischen kleineren Kontinentalplatten. Aufgrund extrem hoher Drucke und Temperaturen wurden im Zuge der Gesteinsmetamorphose Granite, Gneise und ähnliche Gesteine gebildet. In diese drangen später jüngere magmatische Granitschmelzen aus dem Erdinneren ein.

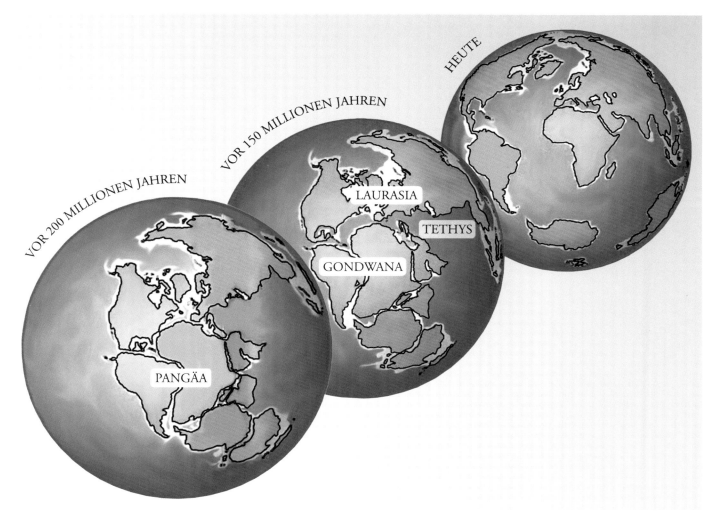

VOR 200 MILLIONEN JAHREN

PANGÄA

VOR 150 MILLIONEN JAHREN

LAURASIA

TETHYS

GONDWANA

HEUTE

Die Entwicklung der Kontinente in den letzten 200 Millionen Jahren. Vor 150 Millionen Jahren begann die Urerde Pangäa zu zerbrechen. Zwischen Laurasia und Gondwana drang das Tethysmeer ein und der Mittelatlantik entstand. Vor 130 Millionen Jahren trennte sich Südamerika von Afrika.

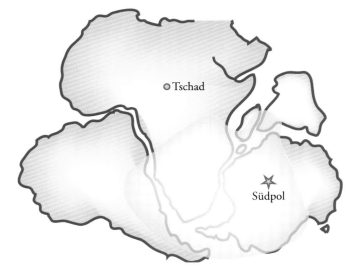

*Am Ende des Erdaltertums, vor 290
bis 220 Millionen Jahren, war der
Süden Gondwanas von einem riesigen
und sehr dicken Eispanzer bedeckt.*

*Der Zerfall Gondwanas erfolgte ent-
lang von Grabenbruchsystemen.
Heute zerbricht Afrika entlang des
Ostafrikanischen Grabens.*

Paläozoikum   545 – 248 Mio. Jahre

*Seite 45:
Der Süden Gondwanas glich im
Perm und Karbon etwa dem heutigen
Landschaftsbild der Antarktis.*

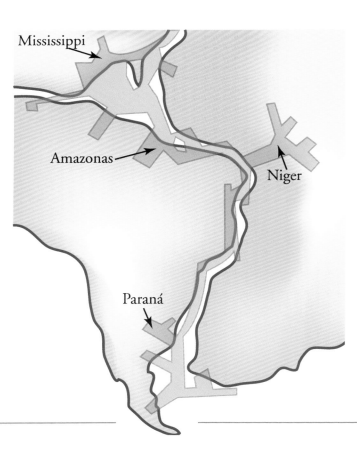

GONDWANA

Für die erdgeschichtliche Rekonstruktion des Uramazonas ist die Geologie von Südamerika und Afrika von
besonderer Bedeutung.

Das nördliche Südamerika bildete sich aus zwei großen Kontinentplatten, dem Guayana- und dem Brasilianischen Schild. Sie werden durch das Amazonas-
becken getrennt und ihre ältesten Gesteinsserien sind
schon vor 3400 bis 2700 Millionen Jahren im Präkambrium entstanden.

Erst vor rund 550 Millionen Jahren haben dann
gebirgsbildende Phasen die bis dahin isolierten Kerne
zum großen Gondwanakontinent verschweißt.

Typische Verschweißungsstellen finden sich sowohl im
nordöstlichen Brasilien als auch in Westafrika nördlich
der Nigermündung. Diese ähnlichen geologischen
Strukturen greifen mit gleichen Streichrichtungen über
die beiden heute getrennten Kontinente hinweg (siehe
geologische Karte, S. 46).

Frühestens zu dieser Zeit, am Beginn des Erdaltertums
(Paläozoikum), kann es ein über die Kontinente Afrika
und Südamerika hinweggehendes Grabensystem gegeben
haben, in dem sich später der Uramazonas entwickelte.

Gondwana war im Paläozoikum ein sehr weiträumiges
Flachland, das den Meeresspiegel nur mit geringen
Höhen überragte. Damals entwickelten sich allmählich
Becken, in denen terrestrische Sedimente abgelagert
wurden. Große Flächen waren von abflusslosen Binnen-
senken bedeckt.

Im Bereich des heutigen Amazonasbeckens, zwischen
den Kristallinblöcken des Guayana- und des Brasilianischen Schildes, senkte sich ein lang gestrecktes Grabensystem ab. Im Zentrum des Beckens wurden etwa
1000 Meter mächtige Silur- und Devonsedimente

GONDWANA

Neu Fundland
Rabat
Tunis
Tethys
Süd-
Algerisches Becken
Murzuq B.
Syrte Becken
Kufra B.
Cairo
Nord - Amerika
Mittel - Atlantik
Dakar
Timbuktu
Niger B.
Tschad-See
Bornu
Khartoum
Florida
Guayana Bucht
Monrovia
Lagos
Bénoué-Graben
Rotes Meer
Yucatan
Paramaribo
Maranhão B.
Reconcavo B.
Caracas
Panama
Amazonas-Becken
Kongo Becken
Lake Victoria
Rio
Lake Tanganyika
Paraná B.
Titicaca-See
Ovamboland
Lake Malavi
Madagaskar
Lima
Pazifik
Atlantik
Süd -
Kalahari
Buenos Aires
Kapstadt

0   1000   2000 km

WEST - GONDWANA

(Südamerika und Afrika)
Lageposition vor
150 Millionen Jahren
(Ober Jura, Malm)

Nord-Amerikanischer Kontinent

Andine Faltengürtel (Tertiär)

Tertiäre und Quartäre Becken

Kreide-Sedimente

Jura-Sedimente

Tertiär/Quartär Vulkane

Kreide Vulkanite

Jura Vulkanite

Paläozoikum, Trias (Gondwana Serien)

Präkambrium (Gneise, Granite)

Vereinfachter Ausschnitt aus
Geological Map of Sectors of Gondwana 1,10 Mill.
Published
The American Association of Petrolium Geologists
Tulsa, USA
(Verändert G. Hillmer & F. Thiedig, Hamburg)

Leitung:
F. Thiedig
G. Hillmer
Kartographie:
Thomas Mielaner
Hamburg, Germany 2001

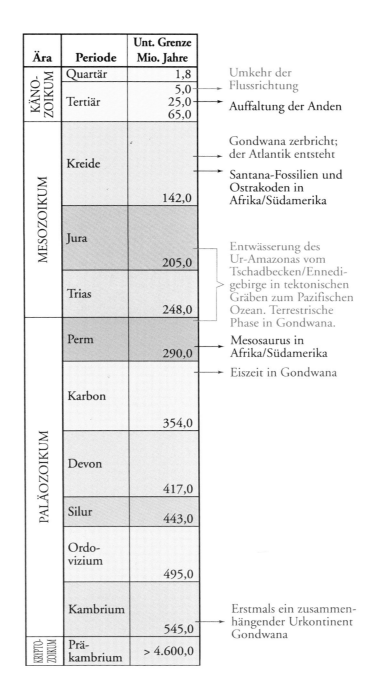

Ära	Periode	Unt. Grenze Mio. Jahre	
KÄNO-ZOIKUM	Quartär	1,8	Umkehr der Flussrichtung
	Tertiär	5,0	
		25,0	Auffaltung der Anden
		65,0	
MESOZOIKUM	Kreide		Gondwana zerbricht; der Atlantik entsteht
			Santana-Fossilien und Ostrakoden in Afrika/Südamerika
		142,0	
	Jura		Entwässerung des Ur-Amazonas vom Tschadbecken/Ennedigebirge in tektonischen Gräben zum Pazifischen Ozean. Terrestrische Phase in Gondwana.
		205,0	
	Trias		
		248,0	
PALÄOZOIKUM	Perm		Mesosaurus in Afrika/Südamerika
		290,0	
	Karbon		Eiszeit in Gondwana
		354,0	
	Devon		
		417,0	
	Silur	443,0	
	Ordo-vizium		
		495,0	
	Kambrium		Erstmals ein zusammen-hängender Urkontinent Gondwana
		545,0	
KRYPTO-ZOIKUM	Prä-kambrium	> 4.600,0	

Doppelseite 48/49:
Die Tepuis in Venezuela gehören zu den ältesten Gebirgskörpern. Sie ent-standen vor 1,8 Milliarden Jahren.

Doppelseite 52/53:
Ein vergleichsweise sehr junges Gebirge: die Pucahirca-Gruppe in der Cordillera Blanca, Peru.

abgelagert. Dieser Bereich Brasiliens wurde periodisch vom Meer überflutet. Während der Karbonzeit, vor 354 bis 290 Millionen Jahren, lagerten sich mehr als 2000 Meter mächtige, teilweise marine Sedimente ab. Gips- und Salzeinlagerungen zeugen von den zahlreichen Meeresüberflutungen.

Im Verlauf komplizierter plattentektonischer Vorgänge kam es im Perm zur Verschweißung des Nordkontinents Laurasia mit dem Südkontinent Gondwana.

Dadurch entstand am Ende des Erdaltertums vor rund 280 Millionen Jahren ein einziger Riesenkontinent – Pangäa (Gesamterde). Durch die Verschweißung der beiden Kontinente verschwand die nördliche Küste Gondwanas, während die westliche südamerikanische Küste als Teil Pangäas weiterhin vom Pazifik begrenzt wurde.

Vor dem Ende des Erdaltertums lag der Südpol im Süden des Kontinents Gondwana, etwa inmitten der Antarktis (siehe Abb., S. 44). Hier setzte nun eine Vereisung von gigantischem Ausmaß ein. Das Eisschild war größer als die heutige Antarktis. Seine Spuren – z. B. mächtige Gletschermoränen (Tillite) oder Ritz- und Schleifspuren von eistransportierten Geröllen – findet man auf vielen Gesteinen des einstigen Südkontinents.

Zwischen den glazigenen Ablagerungen gab es mehrfach Kohle führende Gesteinsabfolgen, die als Beweise für zwischeneiszeitliche Warmphasen gedeutet werden. Auch unsere jüngste quartäre Eiszeit in Nordeuropa, in den Alpen und in Nordamerika ist durch einen Wechsel von Kalt- und Warmzeiten charakterisiert. Möglicherweise befinden wir uns auch heute in einer zwischeneiszeitlichen Warmphase, in deren Folge ein globales Abschmelzen der Gletscher und Polkappen zu beobachten ist.

Im Mesozoikum, in der Trias- und der Jurazeit, erstreckte sich die Gesamterde Pangäa vom Nordpol bis zum Südpol, wobei das Amazonas-Becken knapp südlich des Äquators lag. In einzelne große, abflusslose Becken und Meeresbuchten, wie das Paraná-Becken (Südamerika) und das Karoobecken (Südafrika), lagerten die Flüsse ihre Geröll-, Sand- und Schlammfracht ab.

In der mittleren Jurazeit öffnete sich dann der Mittelatlantik zwischen den beiden Kontinenten.

Am Ende des Erdmittelalters (Mesozoikum) begann der Zerfall Pangäas und damit auch Gondwanas. Nordamerika trennte sich wieder von Südamerika. Die endgültige Abtrennung Südamerikas von Afrika erfolgte

Seite 50:
Andringitra-Gebirge im Südosten von Madagaskar.
Ein wahrscheinlich durch die permokarbone Vereisung morphologisch geprägtes kristallines Grundgebirge.

Jura	205 – 142 Mio. Jahre
Trias	248 – 205 Mio. Jahre
Perm	290 – 248 Mio. Jahre
Karbon	354 – 290 Mio. Jahre
Devon	417 – 354 Mio. Jahre
Silur	443 – 417 Mio. Jahre

Flache Talgletscher laden ihre Sedimente in deltaförmigen Formationen ab.

Seite 55:
Königskordillere in Bolivien mit dem Titicacasee. Sie wurde erst vor etwa zehn bis fünf Millionen Jahren als Gebirgskörper morphologisch herausgehoben.

West-Gondwana (Südamerika und Afrika) mit einigen Grabensystemen vor zirka 150 Millionen Jahren (Ober-Jura, Malm). Triplejunctions und der ältere Amazonasgraben (gestrichelte Signatur).

Amazonas- und Bénoué-Graben sowie der Mittelatlantische Rücken (verändert nach H. Grabert, 1983).

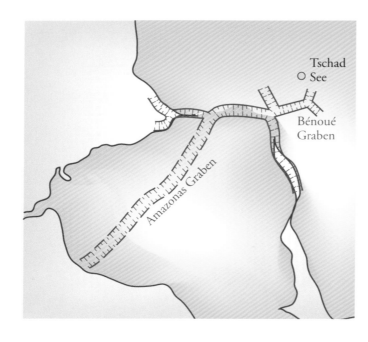

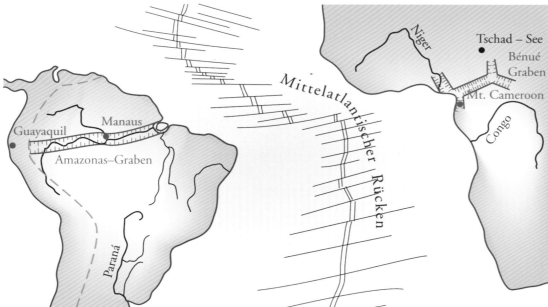

während der Oberkreidezeit vor zirka 150 Millionen Jahren, als sich der Südatlantik zwischen den Südspitzen Afrikas und Südamerikas öffnete. In der Unterkreide vor 130 Millionen Jahren entwickelten sich in Nordost-Brasilien große Becken wie das Santana-Araripe-Becken (siehe geologisches Profil, S. 69).

Im Bereich der Riftzone, an der später die Trennung der heute isolierten Kontinente Afrika und Südamerika erfolgte, kam es zur Bildung großer Grabensysteme. Die in den Senkungsbereichen entstandenen abflusslosen Becken füllten sich zunächst mit Süßwassersedimenten. Ein überzeugendes und gut dokumentiertes Beispiel für das Auseinanderdriften Gondwanas sind das afro-brasilianische Seensystem in Gabun und in Nordost-Brasilien das Reconcavo-Becken. Auf beiden Seiten des Atlantiks, also sowohl in Afrika als auch in Brasilien, findet man Schichten mit identen nichtmarinen Muschelkrebsen *(Ostrakoden)*. K. Krömmelbein hat dies im Jahr 1966 erstmals als paläontologischen Beweis für die Kontinentaldrift angeführt.

Während sich Mittel- und Südatlantik zuerst entwickelten, bildete sich der Nordatlantik erst vor 54 bis 26 Millionen Jahren im Paläogen.

Jenes Grabensystem aus dem Präkambrium, das dem heutigen Verlauf des Amazonas entspricht, wurde vermutlich im Mesozoikum aktiv. Der nördlich gelegene Guayana-Block verschob sich um mehr als 100 Kilometer nach Westen.

Diese Scherzone setzt sich in Afrika im Gebiet der Nigermündung als Bénoué-Graben bis in das Tschad-Becken fort.

Somit ist es wahrscheinlich, dass während der oberen Trias zwischen dem Ennedi-Gebirge im Tschad und

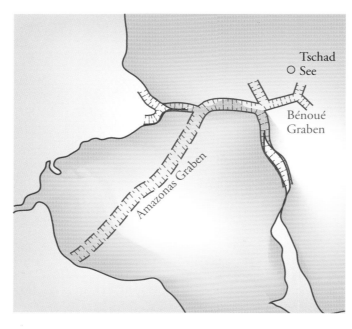

Seite 55:
Königskordillere in Bolivien mit dem Titicacasee. Sie wurde erst vor etwa zehn bis fünf Millionen Jahren als Gebirgskörper morphologisch herausgehoben.

West-Gondwana (Südamerika und Afrika) mit einigen Grabensystemen vor zirka 150 Millionen Jahren (Ober-Jura, Malm). Triplejunctions und der ältere Amazonasgraben (gestrichelte Signatur).

Amazonas- und Bénoué-Graben sowie der Mittelatlantische Rücken (verändert nach H. Grabert, 1983).

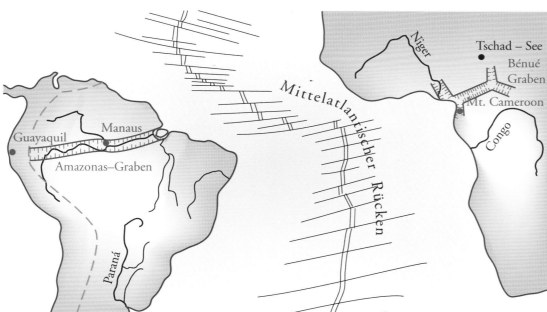

während der Oberkreidezeit vor zirka 150 Millionen Jahren, als sich der Südatlantik zwischen den Südspitzen Afrikas und Südamerikas öffnete. In der Unterkreide vor 130 Millionen Jahren entwickelten sich in Nordost-Brasilien große Becken wie das Santana-Araripe-Becken (siehe geologisches Profil, S. 69).

Im Bereich der Riftzone, an der später die Trennung der heute isolierten Kontinente Afrika und Südamerika erfolgte, kam es zur Bildung großer Grabensysteme.

Die in den Senkungsbereichen entstandenen abflusslosen Becken füllten sich zunächst mit Süßwassersedimenten. Ein überzeugendes und gut dokumentiertes Beispiel für das Auseinanderdriften Gondwanas sind das afro-brasilianische Seensystem in Gabun und in Nordost-Brasilien das Reconcavo-Becken. Auf beiden Seiten des Atlantiks, also sowohl in Afrika als auch in Brasilien, findet man Schichten mit identen nichtmarinen Muschelkrebsen *(Ostrakoden)*. K. Krömmelbein hat dies im Jahr 1966 erstmals als paläontologischen Beweis für die Kontinentaldrift angeführt.

Während sich Mittel- und Südatlantik zuerst entwickelten, bildete sich der Nordatlantik erst vor 54 bis 26 Millionen Jahren im Paläogen.

Jenes Grabensystem aus dem Präkambrium, das dem heutigen Verlauf des Amazonas entspricht, wurde vermutlich im Mesozoikum aktiv. Der nördlich gelegene Guayana-Block verschob sich um mehr als 100 Kilometer nach Westen.

Diese Scherzone setzt sich in Afrika im Gebiet der Nigermündung als Bénoué-Graben bis in das Tschad-Becken fort.

Somit ist es wahrscheinlich, dass während der oberen Trias zwischen dem Ennedi-Gebirge im Tschad und

Cotopaxi, 5888 Meter, Ecuador.
Durch die Kollision der
Kontinentalplatten werden die
Anden herausgehoben, begleitet
von starkem Vulkanismus.

dem Pazifik ein durchgängiges Flusssystem existierte. Dieser Uramazonas floss über einen Zeitraum von zirka 50 Jahrmillionen aus der heutigen Sahara über eine Strecke von 15.000 Kilometern nach Westen. Er mündete in der Gegend von Guayaquil in Ecuador in den Pazifik. Dies ist durch große Sedimentablagerungen im andinen Vorland und in der Bucht von Guayaquil belegt.

Im Tschad wurden zahlreiche Bohrungen zur Erdölerkundung durchgeführt. Die Ergebnisse werden wegen der politischen Brisanz streng geheim gehalten. Dieses geologisch-paläontologische Datenmaterial müsste entscheidende Beweise für die ehemalige Existenz des Uramazonas liefern können.

Ein solch gewaltiges Entwässerungssystem muss unter anderem kontinentale Triassedimente hinterlassen haben, die durch Bohrkerndaten im Tschadbecken nachgewiesen werden könnten. Die derzeit nicht zugänglichen Daten könnten zeigen, dass der afrikanische Teil des Uramazonas spätestens seit der mittleren Jurazeit über die Bucht von Guayana in den Mittelatlantik floss, der sich zwischen Nord- und Südamerika geöffnet hatte. Als sich schließlich die Südspitze Südamerikas von Afrika wegdrehte, drang der Südatlantik nach Norden vor.

Dadurch zerfiel der Kontinent Gondwana endgültig. Daraufhin zerriss auch das Band des Uramazonas. Gleichzeitig drangen entlang der Riftzone aus dem Erdmantel Magmen ein. So entstand der heutige Mittelatlantische Rücken – eine Kette untermeerischer, magmatischer und vulkanischer Gebirge, die in Island bereits mehr als 2000 Meter über dem Meeresspiegel aufragen.

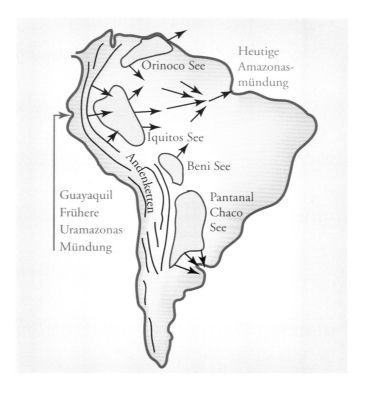

Durch die Heraushebung der Anden wurde der Amazonas zurückgestaut. Östlich der Anden entstanden riesige Seen. Schließlich floss der Amazonas nach Osten ab.

Jura   205 – 142 Mio. Jahre
Trias   248 – 205 Mio. Jahre

Geologisches Profil durch den Amazonasgraben (verändert nach H. Grabert, 1991).

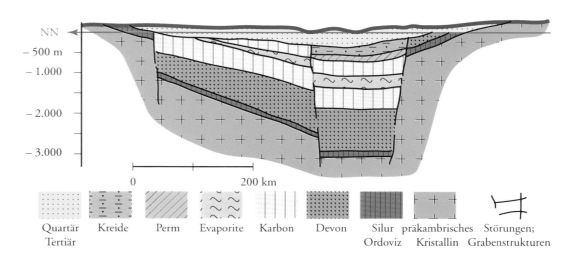

DER HEUTIGE AMAZONAS

Bis vor etwa 25 bis 30 Millionen Jahren floss der Amazonas in den Pazifik. Dann setzte die Auffaltung der Andenkette mit Hebungsraten von 0,2 Millimeter pro Jahr ein. Diese steigerten sich vor fünf Millionen Jahren auf 0,5 bis 1,0 Millimeter pro Jahr. Das aufsteigende Anden-Gebirge versperrte schließlich dem Uramazonas den direkten Weg in den Pazifik. In den östlichen Vorsenken der Anden bildeten sich zunächst große Seen, die allmählich mit Geröll-,

Der Zusammenfluss von Rio Negro und Amazonas bei Manaus.

Sand- und Tonfracht aufgefüllt wurden. Erst dann fand der Amazonas einen Abfluss nach Osten in den Südatlantik, wobei die vollständige Entwässerung des andinen Vorlandes erst zu Beginn des Quartärs vor etwa zwei Millionen Jahren erfolgte.

VERSTEINERTE ZEUGEN

Gondwana war noch ein zusammenhängender Urkontinent. Pflanzen und Tiere konnten sich über die gesamte riesige Landmasse ausbreiten. Trennende Ozeane gab es nicht. Die fossilen Blätter des Farnsamers *Glossopteris* gelten als klassischer Beweis für den Zusammenhang des Lebensraumes. Sie wurden in Südamerika, Afrika, Indien, Australien und in der Antarktis gefunden. Die Mesosaurus-Vorkommen in Südamerika und Südafrika lassen auf große Seen und Meeresbecken schließen, die auf dem Kontinent Gondwana bestanden. Durch die Drift der Kontinentalplatten wurden sie getrennt.

MESOSAURUS

Wir verlassen São Paulo schon sehr früh Richtung Westen, um dem morgendlichen Verkehrschaos zu entkommen. Nach drei Stunden treffen wir in der kleinen Provinzstadt Itapetininga ein, und bald ist unser Mittelsmann gefunden – ein drahtiger Brasilianer, der Besitzer eines 20 Kilometer außerhalb der Stadt liegenden Steinbruches. Es ist eine besondere Fundstätte, denn sie birgt das ergiebigste Mesosaurus-

Vorkommen Südamerikas. Die bestens erhaltenen, 270 Millionen Jahre alten fossilen Reptilien haben inzwischen in den naturhistorischen Museen Amerikas, Europas und Asiens ihre letzte Ruhestätte gefunden – bestens präpariert vom Deutschen Mischa Schwickert, der uns als Berater begleitet. Einige Kilometer außerhalb der Stadt biegen wir auf einen Feldweg ein. Nach mehreren Absperrungen lassen wir die Autos zurück und steigen in den schluchtartigen Steinbruch hinunter. Schon 50 Meter tief haben sich die Arbeiter bis zu jenen Kalkschichten durchgegraben, die hier vor 270 Millionen Jahren in der Permzeit des

Erdaltertums abgelagert wurden. Wir stehen an den Ufern eines Seensystems, das einst die Südspitzen Südamerikas und Afrikas bedeckte. Steinkohlewälder mit Baumfarnen, Siegel- und Schuppenbäumen wuchsen damals auf dem Festland.

Aus dem Grund der Schlucht hallt uns Klopfen und Hämmern entgegen. Einige Arbeiter lösen Platte um Platte aus den geschichteten Kalken des Mesosaurus-Friedhofs. Auf einem Stein liegt eine Hand voll Wirbelknochen. Als wir durch das Gelände schlendern, holt uns der Besitzer zurück. Emotionslos zeigt er uns die Schwanzwirbelsäule eines Mesosaurus, die auf einer

Ein Steinbruch in der Nähe von Itapetininga (Südost-Brasilien) ist eine der ergiebigsten Mesosaurus-Fundstellen.

Vor 330 Millionen Jahren war der Mesosaurus weit über Gondwana verbreitet. Vorkommen gibt es sowohl in Afrika als auch in Südamerika.

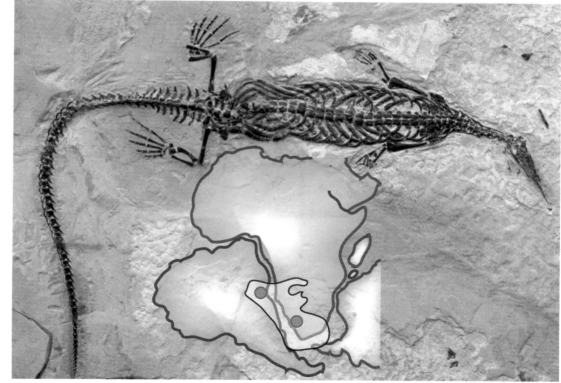

Seite 61:
Im Karbon und Perm wuchsen bereits die Baumfarne in den Steinkohlewäldern. Heute findet man sie noch auf allen Kontinenten, aus denen sich einst Gondwana zusammensetzte.

Kaimane im Pantanal, Brasilien. Mesosaurier dürften ihnen sehr ähnlich gesehen haben.

frei gelegten Platte zum Vorschein kommt. Vorsichtig meißelt der Arbeiter Schicht um Schicht aus dem Gesteinsblock. Nach einer guten Stunde liegt das ganze Gerippe vor uns. Wir können es immer noch nicht fassen, dass wir beim Fund eines perfekt erhaltenen Sauriers, der seit Urzeiten hier verborgen war, dabei sein durften.

Nach der großen Eiszeit auf dem südlichen Gondwanakontinent wurde das Klima zunehmend wärmer. In den damaligen afro-brasilianischen Seen- und Meeresbuchten des südlichen Amerikas und Afrikas lebten in der unteren Permzeit vor zirka 270 Millionen Jahren krokodilähnliche Mesosaurier.

Seit mehr als 100 Jahren werden viele Exemplare dieser maximal einen Meter langen Reptilien in Brasilien, Paraguay, Namibia und Südafrika gefunden. Eingebettet sind sie sowohl in Schwarzschiefern als auch in gut geschichteten Kalk- und Dolomitgesteinen.

Sie waren kleinen schmalschnauzigen Krokodilen mit einem grazilen Schädel ähnlich. Die Kiefer der Schnauze trugen eine Vielzahl dicht stehender Zähne, Finger und Zehen der Extremitäten waren mit Schwimmhäuten verbunden.

Man unterscheidet die drei Mesosaurier-Gattungen *Mesosaurus*, *Stereosternum* und *Brazilosaurus*. Obwohl viele anatomische Merkmale für eine rein aquatische Lebensweise dieser Reptilien sprechen, scheint daneben auch eine Fortbewegung an Land – wie etwa bei den Krokodilen – möglich gewesen zu sein.

Unbeantwortet bleibt bis heute die Frage, wovon die Mesosaurier gelebt haben. Fossile Echsen, die zusammen mit potenziellen Beutetieren wie Fischen, Krebsen und Weichtieren vorkommen, sind nur von sehr wenigen Mesosaurier-Fundorten bekannt. Ihre außerordentlich feine und dichte Bezahnung könnte für eine seihende Nahrungsaufnahme sprechen.

Auch ist es heute noch rätselhaft, warum die Echsen bereits nach wenigen Millionen Jahren wieder ausgestorben sind, lange bevor die Dinosaurier die Bühne der Erdgeschichte betraten.

Die Mesosaurier-Funde im südlichen Gondwanaland galten in den zwanziger Jahren in der Diskussion um die von Alfred Wegener aufgestellte Kontinentalverschiebungstheorie (heute als Plattentektonik bekannt)

In Itapetininga werden immer wieder perfekt erhaltene Skelette von Mesosauriern gefunden.

als wichtige paläontologische Dokumente für den einstigen Zusammenhang der Südkontinente. Zum anderen ging man früher auch davon aus, dass diese Echsen ausschließlich in den großen Süßwasserseen von Gondwana gelebt hatten.

Nach neueren Untersuchungen im Paraná-Becken in Südamerika und in den Karoo-Ablagerungen von Südafrika muss diese Annahme jedoch revidiert werden. So sprechen unter anderem die Schwarzschiefer-Sedimente einzelner Fundorte für ehemalige marine, sauerstoffarme Lebensverhältnisse in einem flachen Binnenmeer der unteren Permzeit.

Dennoch werden aber auch große Bereiche dieser ehemaligen Meeresbucht in Küstennähe aus Süß- und Brackwasser bestanden haben. Dieses so genannte „Irati-Meer" oder die „Mesosaurus-Sea" im südlichen Südamerika und Afrika hatte wahrscheinlich eine Verbindung zum offenen Ozean.

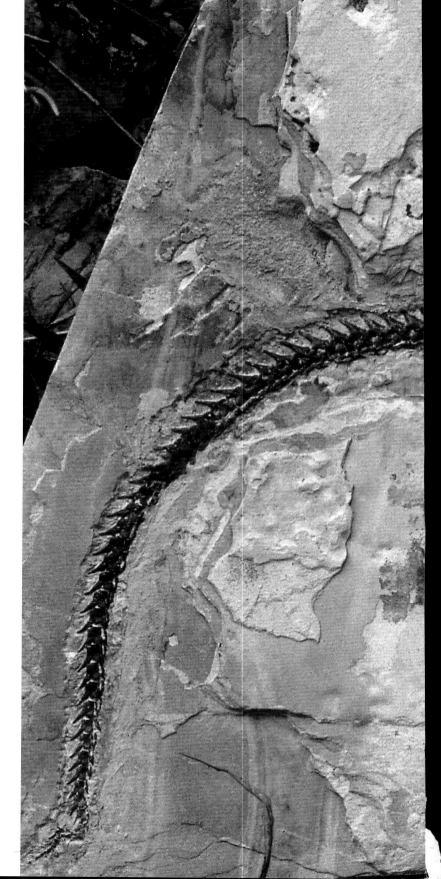

DAS ARARIPE-BECKEN

Vor 130 Millionen Jahren, als der Kontinent Gondwana zerbrach und das Band des Uramazonas zerriss, erlebten die vorher zusammenhängenden afro-brasilianischen Seen eine wechselvolle Geschichte. Zwischen den Kontinenten Afrika und Südamerika entstand der Atlantik, und die Süßwasserseen wurden mit Brack- und Meerwasser überflutet. Durch die dramatischen Veränderungen der Lebensbedingungen kam es auch zu einer grundlegenden Veränderung der Fauna.

NOVA OLINDA

Der Regen trommelt unaufhaltsam auf das Blechdach eines primitiven Unterstandes. Die Straße hat sich in eine morastige Piste verwandelt, und kaum wagt man einige Schritte ins Freie, bleiben die Schuhe im Schlamm stecken. Wir warten auf Euglides, den Vorarbeiter im Steinbruch. Die Plattenkalke aus der Oberkreide bergen eine Vielfalt an Bilderbuchfossilien – verschiedenste Insekten, Fische, Krokodile, und gelegentlich werden sogar Flugsaurier gefunden. Plötzlich hört der Regen auf und die Sonne sticht durch die Wolken. Innerhalb weniger Minuten treibt uns die tropische Schwüle den Schweiß aus dem Körper. Ein Radfahrer quält sich durch den Morast. Es ist Euglides, der uns in den Steinbruch führt. Auch die Arbeiter kehren aus ihren Unterständen an die Arbeit zurück. Die ebenmäßigen Kalkplatten werden als Fensterbänke und Bodenplatten verkauft. Für die Arbeiter sind die Fossilien ein Nebenprodukt, mit dem sie sich ein zusätzliches Taschengeld verdienen können. Dass sie immer wieder neue Kapitel der Erdgeschichte aufschlagen, ist ihnen nicht bewusst.

GERO HILLMER

Das Araripe-Becken in Nordost-Brasilien mit dem Städtchen Santana.

Kreide   142 – 65 Mio. Jahre

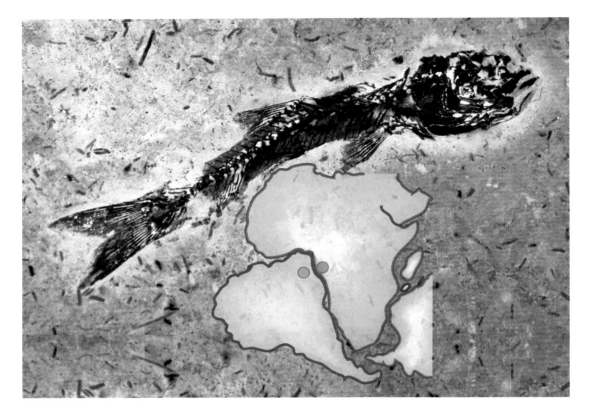

Artidente fossile Dastilben werden sowohl in Afrika (Gabun) als auch in den Plattenkalken von Nova Olinda (Nordost-Brasilien) gefunden.

Seite 67:
Die Plattenkalke von Nova Olinda.

den Meeresspiegel. Am nördlichen Abhang des Plateaus liegen die Stadt Juázeiro do Norte und die bekannten Fossilfundorte Nova Olinda, Santana do Cariri und Crato.

Im Araripe-Becken wurden überwiegend in der unteren Kreidezeit über einen Zeitraum von etwa 22 Millionen Jahre 700 Meter mächtige Sedimente abgelagert. Im Zusammenhang mit der Geburt des Nord- und Südatlantiks durch das Auseinanderdriften der afrikanischen und südamerikanischen Kontinentalplatten kam es wiederholt zu horizontalen und vertikalen Erdkrustenbewegungen und in der Folge zu einer wechselvollen geologischen Geschichte.

Süßwasserbecken mit feingeschichteten Sedimenten wechselten mit abgeschnürten Brackwasserlagunen und offenen Meeresbuchten. Die mit Meerwasser gefüllten Becken trockneten zeitweise wieder aus. In ursächlichem Zusammenhang mit dieser wechselvollen paläogeographischen Geschichte wurden unterschiedliche Sedimente, wie zum Beispiel Sandsteine, Tonsteine, Mergel, Plattenkalke, Gipse und Anhydrite, abgelagert. Auch die fossil überlieferte Fauna in diesen afro-brasilianischen See- und Meeressedimenten dokumentiert den oft dramatischen Wechsel zwischen Überflutung und Austrocknung.

Eindrucksvoll spiegeln sich hier die tektonischen Ereignisse der Trennung von Afrika und Südamerika in der Unterkreide wider.

Das Araripe-Becken wurde bereits im 19. Jahrhundert als eine sehr arten- und individuenreiche Fossilfundstelle bekannt. Fossilien wie Fische und Insekten, Flugsaurier und Krokodile sind hier außergewöhnlich gut erhalten. Neben einer artenreichen Fischfauna

FOSSILE DOKUMENTE FÜR DEN BRUCH GONDWANAS

Das Araripe-Becken, im Norden Brasiliens gelegen, ist durch Absenkung, als tektonischer Grabenbruch auf dem brasilianischen Grundgebirge, entstanden. Es erstreckt sich in den Bundesstaaten Ceará und Pernambuco über etwa 250 Kilometer von West nach Ost und ist durchschnittlich 50 Kilometer breit. Das als Chapada do Araripe bekannte tafelartige Plateau erhebt sich zwischen 600 und 900 Meter über

Libelle Flussjungfer.

Skorpion.

Sehr seltene Vogelfeder mit Farberhaltung.

Farnwedel.

wird zudem eine Vielzahl von Insektenarten in den feingeschichteten Plattenkalken von Nova Olinda gefunden. Diese Plattenkalke sind die untersten und damit ältesten abgelagerten Schichten mit sechs Metern Mächtigkeit.

Durch die besondere Feinkörnigkeit des Santana-Plattenkalks werden selbst feinste Strukturen der abgestorbenen Organismen, z. B. das Flügelgeäder von Libellen oder die Haut von Flugsauriern, fossil überliefert. Der feine Kalkschlamm wurde in isolierten Lagunen mit einer Tiefe von nur wenigen Metern und geringer Wasserbewegung abgelagert. In diesen sauerstoffarmen Lagunenbereichen fand man Tierleichen mit perfekt erhaltenen Weichteilen. Sogar die Haut von Flugsauriern blieb perfekt erhalten. In den Kalkkonkretionen der Santana-Romualdo-Schichten hingegen finden sich fast ausschließlich vollmarine Fische.

Die vielen und artenreichen Landinsekten, die Ufernähe dokumentieren, starben meist an der Wasseroberfläche und gelangten erst in den Bodenschlamm, als sich ihre Tracheen mit Wasser füllten und die Tiere zu Boden sanken. Bisher wurden Überreste von 15 Insekten-Ordnungen entdeckt, darunter die ältesten bekannten fossilen Vertreter einiger Insektengruppen: Hautflügler, Zweiflügler, Fliegen, Mücken, Libellen, Bienen, Schaben, Schnecken, Käfer, Wanzen und Termiten in einer Vielzahl von Arten (Bechly, 1998).

Neben den meist vorzüglich erhaltenen Insekten und Pflanzen kommt in der Nova Olinda-Schichtenabfolge der Santana-Formation auch eine artenreiche und ebenfalls hervorragend erhaltene Fischfauna vor – vereinzelt stößt man auf Flugsaurier, Schildkröten und Krokodile.

DAS ARARIPE-BECKEN

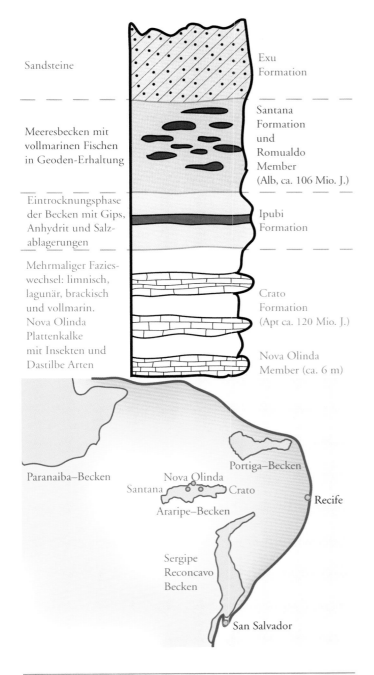

Sandsteine

Meeresbecken mit
vollmarinen Fischen
in Geoden-Erhaltung

Eintrocknungsphase
der Becken mit Gips,
Anhydrit und Salz-
ablagerungen

Mehrmaliger Fazies-
wechsel: limnisch,
lagunär, brackisch
und vollmarin.
Nova Olinda
Plattenkalke
mit Insekten und
Dastilbe Arten

Exu
Formation

Santana
Formation
und
Romualdo
Member
(Alb, ca. 106 Mio. J.)

Ipubi
Formation

Crato
Formation
(Apt ca. 120 Mio. J.)

Nova Olinda
Member (ca. 6 m)

Paranaiba–Becken

Portiga–Becken

Nova Olinda
Santana   Crato
Araripe–Becken

Recife

Sergipe
Reconcavo
Becken

San Salvador

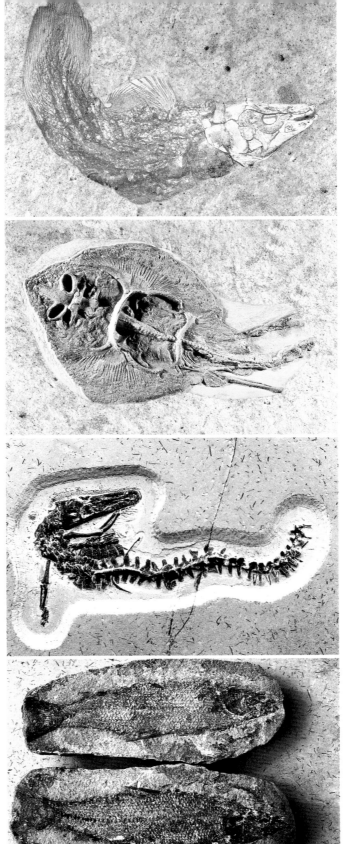

Quastenflosser, 112 cm, Santana.

Geigenrochen, 45 cm, Santana.

Krokodil, zirka 40 cm, Nova Olinda.

Geode mit Tharrhias sp., Santana.

*Geologisches Profil im Araripe-Becken:
Nova Olinda-, Crato-, Ipubi-,
Santana-Formation.*

Für die Kontinentaldrift bemerkenswert ist die häufig überlieferte Gattung *Dastilbe*, ein heringsartiger, nur wenige Zentimeter langer Knochenfisch. *Dastilbe* ist mit vier Arten – unter anderen *Dastilbe crandalli* – auf die Unterkreide beschränkt. Besonders individuenreich lebte sie in den damaligen Lagunen der Nova Olinda-Formation.

Sehr ähnliche Dastilbe-Arten findet man auch in den Unterkreide-Plattenkalken im afrikanischen Äquatorialguinea und in Gabun: ein Beweis dafür, dass die afro-brasilianischen Süß- und Brackwasserseen in der Unterkreide noch sehr eng benachbart waren. Noch heute leben Arten aus dieser Familie sowohl in der Hochsee als auch im Brack- und Süßwasser.

Diese damaligen Inlandseen, Lagunen und Meeresbuchten waren die Initialstadien der sich allmählich zwischen Afrika und Südamerika entwickelnden Riftzonen mit sich horizontal und vertikal bewegenden Erdkrustenteilen. Süß- und Brackwasserseen im Wechsel der Gezeiten waren über Millionen Jahre die amphibische Landschaft an der Nahtstelle der Kontinente.

Im Araripe-Becken (siehe Profil, S. 69) trockneten nach der Lagunen- und Flachwassersedimentation der Crato-Formation die Seen- und Meeresbuchten aus. Die Ablagerungen von Gipsen, Anhydriten und Salzen der Ipubi-Formation zeugen davon. In der darauf folgenden Meeresüberflutung wurde das etwa 50 Meter mächtige Romualdo-Schichtpaket der Santana-Formation mit bituminösen Mergeln, Mergelkalken, Kalk- und Sandsteinen abgelagert, und mit dem hereinflutenden Meer wanderte eine vielfältige marine Fischfauna ein.

In den bituminösen Mergeln finden sich Kalkknollen, so genannte Geoden, mit körperlich sehr gut erhaltenen Fischen. Diese Fossilerhaltung stellt weltweit eine große Besonderheit dar.

Die massenhaft auftretenden Geoden entstanden durch Kalkausfällung um die auf den Meeresgrund abgesunkenen Fischleichen. Um diese bildeten sich kalkige Särge. In den – durchschnittlich 20 bis 40 Zentimeter bis maximal einen Meter langen – Geoden sind überwiegend Hechte, Barsche, Rochen und heringartige Fische eingeschlossen.

Besonders bemerkenswert sind die Funde von Quastenflossern. Diese eigenartigen Fische, die paarige, flossenartige Anhänge des Brustpanzers entwickelt haben, sind fossil bereits aus dem Devon vor mehr als 350 Millionen Jahren bekannt. Sie dokumentieren möglicherweise einen der wichtigsten Schritte in der

Der afro-brasilianische Brückenkopf bei Salvador und in Gabun mit sedimentären Abfolgen von identen fossilen Muschelkrebsen (Ostrakoden).

stammesgeschichtlichen Entwicklung der Wirbeltiere – den Übergang vom Wasser- zum Landleben.

Aus den Quastenflossern entwickelten sich im Devon sehr wahrscheinlich die Amphibien (Lurche). Die Entdeckung von lebenden Quastenflossern im Jahr 1936 vor Madagaskar gehört zu den sensationellsten Ereignissen in der Geschichte der speziellen Zoologie, da man bis dahin glaubte, diese seien bereits vor rund 50 Millionen Jahren ausgestorben.

DER AFRO-BRASILIANISCHE BRÜCKENKOPF

Die Allerheiligenbucht bei San Salvador de Bahia in Nordost-Brasilien und die Küste an der Cocobeach in Gabun, Westafrika, gelten als klassische Rissstellen der Kontinente Afrika und Südamerika.

Auf beiden Seiten des Atlantiks findet man identische Abfolgen von Sedimenten mit den Schalen von mikroskopisch kleinen, in Süß- und Brackwasser lebenden Muschelkrebsen *(Ostrakoden)*. Diese gehören zum Teil denselben Arten an. So unspektakulär die Fundstelle in der Allerheiligenbucht auch zu sein scheint, so ist sie doch jener Ort, an dem die Einheit des Gondwanakontinents erstmals am überzeugendsten belegt werden konnte.

Im Jahr 1965 hat K. Krömmelbein aus Erdölbohrungen des Reconcavo-Grabens in der nordostbrasilianischen Provinz Sergipe weitgehend übereinstimmende Abfolgen mit nichtmarinen Ostrakodenfaunen nachweisen können: Sie stammen aus dem Grenzbereich zwischen der Jura- und der Kreidezeit.

Die beiden Autoren Gero Hillmer und Sepp Friedhuber an der kontinentalen Rissstelle in der Allerheiligenbucht bei Salvador de Bahia (Brasilien).

Kreide   142 – 65 Mio. Jahre
Jura   205 – 142 Mio. Jahre

Mikroskopisch kleine Gehäuse fossiler Muschelkrebse (Ostrakoden, rasterelektronenmikroskopische Aufnahme G. Hillmer).

Heute trennt der Atlantik die Küsten Afrikas und Südamerikas. Zur Zeit Gondwanas bedeckten riesige Süßwasserseen die Nahtstelle der beiden Kontinente.

Untersuchungen der mikrofossilen Fauna in Angola, Ghana und im Kongo haben bestätigt, dass auch dort zusammenhängende Süß- und Brackwasserseen mit artidenten Muschelkrebsen bestanden haben.

Erst durch die in der jüngeren Kreidezeit einsetzenden Grabenbildungen, welche die Geburt des Südatlantiks einleiteten, wurden die limnisch-brackischen Faunen getrennt. 130 Millionen Jahre sind seither vergangen und Südamerika ist inzwischen 4500 Kilometer nach Westen gedriftet. Die klassische Fundstelle an der Allerheiligenbucht zwischen der Ober- und Unterstadt von San Salvador de Bahia ist mittlerweile verbaut und von üppiger tropischer Vegetation überwuchert. Nur am Südufer der Bucht fanden wir noch eine Schichtabfolge des klassischen Profils.

URAMAZONAS

Gero Hillmer
Sepp Friedhuber

Der Tschadsee aus dem Weltraum.

Bei unserer Expedition zu den Quellgebieten des Uramazonas spielte der Tschadsee eine entscheidende Rolle: Er war der Beginn unserer Reise ins trockene Herz Afrikas. Die gewaltigen Wassermassen inmitten der Wüste wirken wie eine Fata Morgana. Überfluss an Wasser und lebensfeindliche Wüste prallen aufeinander. Ein Gegensatz, der auch die einstigen und heutigen Quellgebiete des Amazonas charakterisiert.

Tschadsee

Das Binnenmeer Afrikas hat eine wechselvolle Vergangenheit und steht vor einer ungewissen Zukunft.

Die Ausdehnung des Tschadsees war zeitweise größer als die des Kaspischen Meeres. Aufgrund des Wechsels von Feucht- und Trockenperioden unterliegt sie aber gigantischen Schwankungen. Zur Zeit sind die Prognosen für die Zukunft des Sees eher düster. Seine Oberfläche ist heute nur mehr zweieinhalb Mal so groß wie der Bodensee. Aus der Sahara gibt es schon lange keine Zuflüsse mehr; die Flüsse Chari und Logone liefern 90 Prozent seines Wassers, der aus Nigeria zufließende Komadugu bringt die restlichen zehn Prozent. Je nachdem, wie stark die Regenfälle im Süden ausfallen, schwankt der Wasserspiegel um mehr als das Doppelte. Derzeit liegt der Wasserspiegel auf einer Seehöhe von 281 Metern, und die gesamte Fläche (der Schilfgürtel eingerechnet) beträgt 12.700 Quadratkilometer. Steigt der Seespiegel jedoch um einen Meter, so verdoppelt sich seine Fläche auf 25.400 Quadratkilometer.

Da der See im Schnitt nur zwischen drei Meter im Süden und sechs im Norden tief ist, führen schon geringfügige Änderungen im Zufluss zu starken Schwankungen in seiner Ausdehnung. Seit dem letzten Höchststand 1963 hat sich seine Oberfläche um

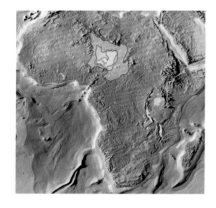

Der Paläo-Tschad bedeckte einst den
Großteil der zentralen Sahara.
Küstengrenzen aufgrund der Höhen-
schichtlinien und fossiler Strandzonen.

Entwicklung vom Jungpleistozän bis
heute:

1: Paläo-Tschad-Region in der
jungpleistozänen Feuchtperiode
um 33.000 – 30.000 BP (before
present)

2: Maximale Ausdehnung im
Frühholozän 11.000 – 7000 BP

3: Maximale Ausdehnung in der
neolithischen Feuchtperiode
6500 – 4500 BP (320-Meter-
Strandlinie)

4: Rezenter Tschadsee mit großen aktuellen Wasserstandschwankungen.

(Entwurf: K. Gießner 2001,
Quelle: H. Faure 1966,
           M. F. Thomas 1977).

Seite 77:
Fischer auf dem Weg durch den
breiten Schilfgürtel des Tschadsees.

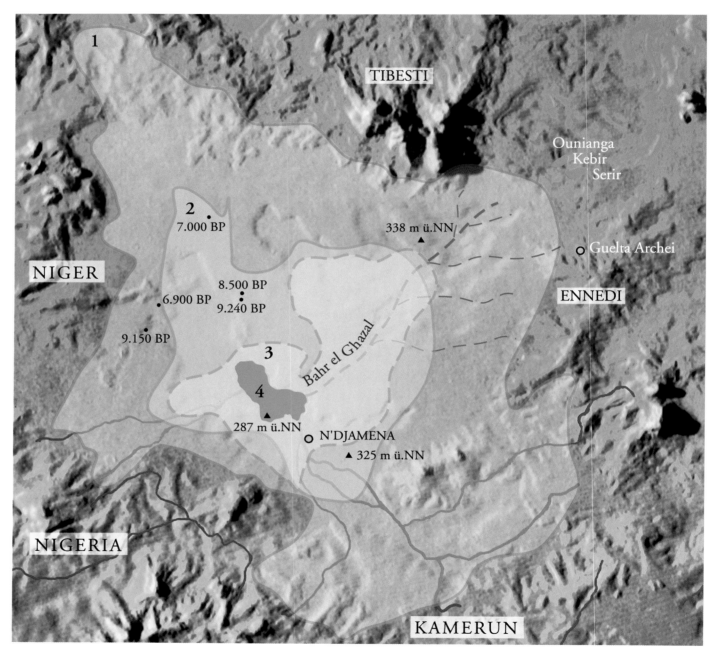

90 Prozent auf nur mehr 1350 Quadratkilometer reine Wasserfläche verringert.

Gerade bei flachen Seen in einer extrem trockenen Umgebung spielt die Verdunstung eine große Rolle. So verdunstet in der Sahara eine etwa drei bis fünf Meter hohe Wassersäule pro Jahr. Neben den klimatischen Veränderungen spielt inzwischen der Eingriff des Menschen die größere Rolle für die dramatisch verminderten Zuflüsse. Die landwirtschaftlichen Bewässerungsprojekte am Oberlauf des Logone und des Chari verbrauchen immer mehr Wasser. Sollten nicht bald erhebliche Niederschläge fallen, prognostizieren die Wissenschaftler innerhalb weniger Jahre das Austrocknen des Tschadsees.

Da nicht nur das Wasser, sondern auch der Fischreichtum für das Überleben der angrenzenden Völker von Bedeutung ist, zeichnet sich im zentralen Afrika eine weitere Tragödie ab. Nicht nur die am Tschadsee lebenden Menschen sind davon betroffen – auch Millionen von Zugvögeln werden kein Überwinterungsquartier mehr vorfinden. Somit wird diese ökologische Katas-

trophe auch für die Vogelfauna Europas unabsehbare Folgen haben.

Als wir den Tschadsee an seinem südöstlichen Ufer erreichten, waren wir ähnlich enttäuscht, wie es der große Forschungsreisende Gustav Nachtigal im Jahr 1870 war. Auch wir erblickten nicht das, was wir uns als die Ufer eines riesigen Sees vorgestellt hatten, sondern *„anstatt der erwarteten Wassermassen diese unbestimmten Ufer mit dem sich weit ins Innere der Lagune erstreckenden Schilfgewirr und in der Ferne die das Wasser durchsetzenden flachen Landstreifen"* (G. Nachtigal, Sahara und Sudan, 1879–1889).

Schon im Jahr 1801 hatte sich die in London gegründete „Gesellschaft zur Förderung der Entdeckung Innerafrikas" zum Ziel gesetzt, Licht in dieses rätsel-

Als Gustav Nachtigal 1870 den Tschadsee erreichte, fand er dort noch eine reiche Tierwelt vor.

Seerosen sind Schwimmblattgewächse und deuten auf eine geringe Wassertiefe hin.

Satellitenbilder beweisen, dass die
Sahara immer weiter nach Süden
vordringt. Dünengürtel haben bereits
die nördlichen Seeufer erreicht.

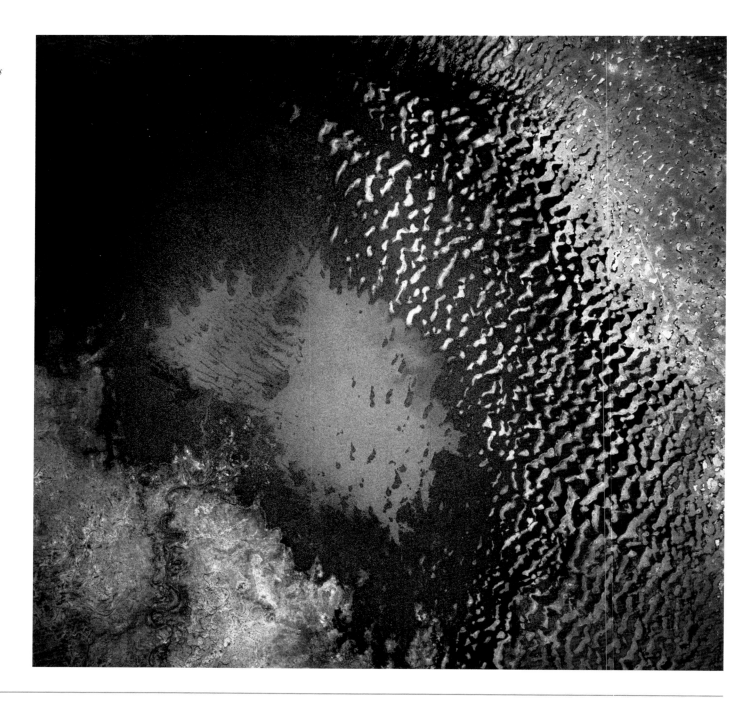

hafte Lebenszentrum des dunklen afrikanischen Kontinents zu tragen. Neben dem *Tsade*, wie die hier siedelnden Bornu das große Wasser des Sees nennen, waren die Erkundungen der Flussläufe von Niger und Nil die ersten geographischen Anliegen.

Im Jahr 1851 trafen hier, im zentralen Afrika, die großen Afrikaforscher Adolf Overweg und Heinrich Barth ein. Overweg war wohl der erste Weiße, der den Tschadsee befahren und die Insel Buduna, auf der die Menschen der Gräser wohnten, betreten hat. Das Ziel unserer Expedition – rund 200 Jahre später – galt der Erkundung eines längst versiegten Flusses und seiner Quellen im Herzen von Afrika: des Uramazonas.

Die Karte Afrikas weist heute kaum noch weiße Flecken auf. Jedoch gerade am Beispiel des Tschadsees zeigt sich, dass geographische Aussagen immer wieder im Wandel begriffen sind. So sind weite Teile des heutigen Sees – mit hunderten bewohnten und unbewohnten Inseln – immer noch unbekannt. Genaue Karten existieren nicht.

Es gilt noch immer viele Rätsel zu lösen: Seine junge erdgeschichtliche Vergangenheit, seine Grenzen und die tatsächliche Ausdehnung des einstigen, größten Binnenmeeres der Erde sind noch ungenügend erforscht. Von der ursprünglichen Ausdehnung zeugen die inzwischen ausgetrockneten Seeböden mit ihren fossilen Sedimenten.

Über viele tausend Jahre sanken dereinst Myriaden von mikroskopisch kleinen Skeletten verschiedenster *Diatomeen* (Süßwasser-Kieselalgen) auf den einstigen Seeboden. Dort lagerten sie sich in meterdicken Schichten ab. Unter dem Mikroskop offenbaren sich die Skelette

der *Diatomeen* als bizarre geometrische Strukturen. Die Verbreitung dieser *Diatomeen*-Sedimente, die Bestimmung und die ökologische Analyse dieser artenreichen, fossilen Kieselalgengattungen sowie die fossilen Überreste von Fischen, Flusspferden und Krokodilen, ermöglichen uns eine recht detaillierte Rekonstruktion der Fauna des Tschadsees.

Die bisher größte Ausdehnung des Sees konnte durch die geologische Kartierung der einstigen Küstenränder sowie durch die absolute Altersdatierung der fossilreichen Seesedimente rekonstruiert werden. Vor 30.000 bis 22.000 Jahren lag das Niveau des Paläo-Tschad 400 Meter über dem Meeresspiegel,

Die fragilen, mikroskopisch kleinen Diatomeen-Skelette wurden in der Djourab-Senke in meterdicken Schichten abgelagert. Sie sind fossile Zeugen einstiger Böden des Tschadsees (rasterelektronenmikroskopische Aufnahme G. Hillmer).

also um 120 Meter höher als heute. Der See erreichte damals eine Größe von über 370.000 Quadratkilometern und war damit der größte See der Erde. Die Flüsse aus dem Ennedi-, Tibesti-, Tassili-, Hoggar- und Air-Gebirge entwässerten in das Tschadseebecken.

Der Abfluss dieses gewaltigen Binnenmeeres erfolgte über die Flüsse Bénoué und Niger in den Atlantik. Ob dieser riesige See einst ein großes zusammenhängendes Binnenmeer war oder ob er sich in einzelne Becken und Senken gliederte, ist noch ungeklärt.

Der Hamburger Paläontologe Gero Hillmer untersucht Seekreide am Nordrand des Paläo-Tschad. Zwischen den einstigen und jetzigen Ufern liegen inzwischen 1000 Kilometer Wüste.

Sicherlich spielte die heute gut 400 Kilometer nordöstlich vom Tschadsee gelegene Bodele-Djourab-Senke als ein fast 100 Meter tiefer gelegenes Teilbecken eine besondere Rolle in der langen Geschichte des Sees. In dieser südlich der Oase Faya gelegenen Senke sind die mächtigsten *Diatomeen*-Schichten, also Ablagerungen von Kieselalgenskeletten, zu finden.

Ungeklärt bleibt auch, ob die heute fast 1000 Kilometer nordöstlich gelegenen Seensysteme von Ounianga Kebir und Ounianga Serir unterschiedlich hoch gelegene Teilbecken des ehemaligen Tschadsees waren, oder ob sie gar den Nordostrand des einst riesigen Binnenmeeres bildeten. Dort fanden wir nämlich in einem 80 Meter über dem Wasserspiegel der Seen gelegenen Seitental Erosionsreste von Seekreideablagerungen mit einer sehr artenreichen fossilen Schneckenfauna.

Das gesamte Einzugsgebiet des großen Tschadbeckens, vom Hoggar- und Tibesti-Gebirge im Norden über das Ennedi-Gebirge im Osten bis nach Zentralafrika, beträgt mehr als zwei Millionen Quadratkilometer.

Im Zusammenhang mit den Klimaschwankungen in der Sahara veränderte sich auch das Seeniveau. Noch vor zirka 5000 Jahren flutete das Seewasser in einem von der 300-Meter-Höhenlinie umgrenzten Becken und hatte mit etwa 80.000 Quadratkilometern immerhin noch die Ausdehnung von Österreich.

Mit dem allmählichen Temperaturanstieg und dem Rückgang der Niederschläge in der Sahara vor etwa 1000 Jahren schrumpfte auch der Tschadsee zu einem vergleichsweise flachen Restsee von etwa 12.000 Quadratkilometern Fläche zusammen. Der ausgedehnte Schilfgürtel schützt den See zwar einerseits vor zu gro-

Vor 130 Jahren war das Bahr el Ghazal nach der Regenzeit ein wasserführender Fluss. Heute sind die Wasserpfützen um die Brunnen die einzigen Hinweise auf den einstigen Wasserreichtum.

ßer Verdunstung, andererseits lässt er aber nur mehr eine Wasserfläche von 1350 Quadratkilometern frei. Nach den mehrtägigen Dreharbeiten verabschieden wir uns von den Fischern am Tschadsee, die uns in ihren Booten mit langen Stangen durch die Labyrinthe des Schilfgürtels gestakt haben. Die Landschaft ist trügerisch friedlich. Noch immer fliegen Schwärme von Reihern, Störchen, Enten und Gänsen auf. In den Booten zappeln Tilapien und Nilbarsche, die mehr als zwei Meter Länge erreichen können. Wie lange wird es noch dauern, bis sich auch hier die Wüste ausdehnt?

Doppelseite 84/85:
Aus mehreren hundert Kilometern Entfernung kommen die Nomaden zu den Brunnen im Bahr el Ghazal, um die Kamele zu tränken.

DER GAZELLENFLUSS

„*Sehr interessant waren mir die Angaben über den Bahr el Ghazal, die durchaus meine Ansichten bestätigten, dass er ein Ausfluss des Tschad sei. Die Boten von Wadai hatten das rätselhafte Tal an einer Stelle überschritten, wo sich früher ein Schilfsumpf ausdehnte. Jetzt fanden sie es zu ihrem größten Staunen in einen Fluss verwandelt, dessen Wasser den Pferden bis zur Mitte der Brust reichte und merklich nach Nordosten, also vom Tschadsee wegdrängte. Als Bu Alak zurückkehrte, fand er das Tal an dieser Stelle sogar unpassierbar und musste einen anderen Übergang suchen. Auch nach den neuesten Nachrichten fügte er bei, sei noch derselbe Wasserreichtum vorhanden, so dass sich das Gerücht befestigte, das Tal werde wieder, wie in alten Zeiten Wasser bis Bodele führen.*"

(G. NACHTIGAL, Sahara und Sudan, 1879–1889)
So berichtete der deutsche Arzt und Geograph Gustav Nachtigal am 23. September 1871 über den Versuch, vom Nordufer des Tschadsees nach Nordosten vorzudringen. Inzwischen kann man sich diese Szenerie nicht mehr vorstellen: Der Gazellenfluss ist längst ein ausgetrocknetes Wadi geworden, und die Wüste grenzt unmittelbar an die Ufer des Tschadsees.
Die Reise von N'Djamena entlang des Gazellenflusses nach Norden ist eine Reise gegen den Horizont. Die Landschaft verändert sich unmerklich, und die buschigen Ebenen im Süden verwandeln sich allmählich in eine ausgedörrte Grassteppe. Schließlich nur mehr Sand – so weit das Auge reicht. Nur im Bahr el Ghazal wachsen dichtere Bestände von Akazien, Sodomsäpfeln, Tamarisken und Dumpalmen. Akazien sind extreme Tiefwurzler. Sie erreichen noch

in 50 Meter Tiefe den von Jahr zu Jahr sinkenden Grundwasserspiegel.
Nördlich von Moussurou gibt es noch einige ausgedehnte, flache Wasserpfannen. Als wir uns nähern, steigen riesige Schwärme von Blutschnabelwebern auf, die sich zum Trinken an den Uferrändern niedergelassen haben. Bei den Einheimischen sind sie gefürchtet, denn wenn sie in die Hirsefelder einfallen, bleibt kein Körnchen mehr am Halm. Sie bedrohen die Existenz der Bauern, die ohnehin schon einen aussichtslosen Kampf um die kargen Anbauflächen gegen die vorrückende Wüste führen.

Seite 86:
Libysche Lastwagen durchqueren die Sahara und versorgen den nördlichen Tschad mit Handelsgütern. Für die Einheimischen sind sie die einzigen Transportmittel, um die großen Entfernungen zwischen den Oasen zu überwinden.

Ein Nomade am Brunnen von Koro Toro.

Nicht alle Kamele erreichen den rettenden Brunnen.

Seite 89:
Die meisten Brunnen auf unserer Reiseroute vom Tschadsee nach Norden sind bis zu 50 Meter tief.
Mit 100 Metern ist Archei der tiefste Brunnen der Sahara.

Koro Toro ist ein gottverlassenes Nest. Es gibt nur einige spärliche Hütten und eine Polizeistation – und die letzte Gelegenheit für mehrere hundert Kilometer, gutes Wasser zu tanken. Ein mit Entwicklungshilfegeldern errichteter Solarbrunnen ist stillgelegt. Noch vor einem Jahr sprudelte feinstes, glasklares Wasser aus den Rohren. In den letzten Jahren wurde aber zu viel Wasser entnommen, es versalzte und wurde ungenießbar.

Die Gegend ist extrem windig: Der ständige Nordostpassat fegt durch die Bodele-Senke und durch das Gazellental. Die meisten Hütten von Koro Toro sind bis zu den Fensteröffnungen mit Sand zugeweht.

Nur mit Mühe dringt die Sonne durch die heiße, staubgeschwängerte Luft. Hunderte Kamele warten auf die Tränke, doch erst wenn die vor ihnen eingelangten Herden ihren Durst gelöscht haben, wird der Weg zum Wasser frei.

Aus den Brunnen nördlich des Dorfes ziehen Kamele mit 50 Meter langen Seilen Wassersäcke aus der Tiefe. Im Gegensatz zum modernen Solarbrunnen ist hier das Wasser noch in Ordnung: Die Arbeit ist mühsam und kräfteraubend. Ein durstiges Kamel trinkt mehr als 100 Liter Wasser, und so dauert es entsprechend lange, bis eine Herde getränkt ist. Die Nomaden nehmen hunderte Kilometer Anmarsch in Kauf, um das lebenswichtige Nass zu schöpfen. Es herrscht eine Stimmung, die an biblische Zeiten erinnert.

Seit Gustav Nachtigal hier durchgezogen ist, hat sich viel verändert. Er schreibt zum Beispiel, dass man das Wasser mit der Hand aus den Quellen schöpfen könne. Außerdem berichtet er von bemerkenswertem Wildreichtum. Ganze Herden von Gazellen und Säbelantilopen bevölkerten die Gegend. Damals hätten sogar Geparde reiche Beute gefunden: Der Gazellenfluss trug seinen Namen damals noch zu Recht.

Wir folgen dem ausgetrockneten Flusslauf schon mehr als 700 Kilometer, und noch immer ziehen wir unsere Staubfahnen über die Seeböden des Paläo-Tschad, der noch vor 25.000 Jahren bis an die Südabhänge des Tibesti reichte. Unser Ziel ist die Bodele-Senke, der tiefste Punkt des einstigen Binnenmeeres. Auf den fossilen Seeböden wollen wir die Erosionsreste abgelagerter *Diatomeen*-Sedimente untersuchen. An manchen Stellen sind auch Skelette von meterlangen Nilbarschen, Flusspferden und Krokodilen eingebettet.

Unsere Spurensuche wird zum Wettlauf mit der Zeit, denn innerhalb von einer Stunde braut sich ein Sand-

Wie beim „White Out" in arktischen Schneestürmen ist die Sicht beim Sandsturm in der Djourab-Senke auf wenige Meter beschränkt.

sturm zusammen, der die Sicht auf 20 bis 50 Meter reduziert. Die Piste zu verfehlen ist lebensgefährlich. Tausende Minen aus dem Krieg des Tschad gegen Libyen liegen im Sand vergraben. Wir müssen uns mit der Probennahme für mikroskopische Untersuchungen begnügen und die Suche nach Wirbeltierfossilien aufgeben. Den Rückweg zum Camp schaffen wir nur mehr mit dem Satellitennavigationssystem GPS.

Das Bahr el Ghazal ist in den letzten Jahren auch ins Interesse der Anthropologen gerückt. In etwa drei bis vier Millionen Jahre alten Sedimenten fanden die Forscher Brunet und Beauvilian 1996 den Unterkiefer eines bisher unbekannten Australopithecus. Sie nannten ihn nach dem Fundort *Australopithecus bahrelghazali*. Funde von gleich alten Australopithecinen waren bisher nur aus dem Rift-Valley Ostafrikas bekannt. Im Juli 2001 machten Wissenschafter aus Frankreich und dem Tschad in der Djurab-Wüste einen sensationellen Fund: einen gut erhaltenen Schädel, zwei Bruchstücke von Unterkiefern und drei Zähne. Dabei handelt es sich möglicherweise um das älteste Mitglied der Menschenfamilie und wäre damit doppelt so alt wie die berühmte „Lucy" aus Ostafrika. Die genaue Datierung ist noch nicht abgeschlossen, berichtete Brunet. Tierfossilien der selben Fundstelle weisen jedoch auf ein Alter von sechs bis sieben Millionen Jahre hin. Damit wäre das Fossil, der „*Sahelanthropus tchadensis*", der älteste bekannte Vorfahre des Menschen.

Der Fund könne nicht nur Licht auf die bisher kaum bekannte frühe Entwicklung des Menschen werfen, er zwinge auch dazu, die bisherige Ansicht zu überdenken, dass Ost- und Südafrika die Wiege des Menschen seien, schreibt Brunet.

SEEN VON OUNIANGA

Ein Höhepunkt unserer Expedition war zweifelsohne der Vorstoß bis zur Seenlandschaft von Ounianga Kebir und Ounianga Serir im nördlichen Tschad, nahe der libyschen Grenze. In diese überwältigende Gegend waren bisher nur wenige Europäer vorgedrungen.

Der erste Eindruck ist atemberaubend. Tiefgrüne Palmen und ockerfarbene Tafelberge spiegeln sich in grünen, blauen und rötlich gefärbten Seen. Nach tagelanger Fahrt durch eines der trockensten Gebiete der Welt ist man eher geneigt, an eine Fata Morgana zu denken als an eine reale Landschaft.

Die wahren Dimensionen begreift man aber erst aus der Luft. Mit unserem Ultralight-Flugzeug schweben wir über ein Naturwunder der Superlative.

Diese Perspektive hat vor uns noch kein Mensch erlebt: Wüste so weit das Auge reicht. Die Felsplateaus sind blankpoliert und an den Kanten der Tafelberge hat der ständig wehende Passat parallele Rinnen und Kanäle aus dem Fels gefräst – alle in einer Richtung, von Nordost nach Südwest. Der Wind ist hier die Kraft, die Landschaften formt und gleichzeitig zerstört. Inmitten dieser extrem trockenen Wüstenlandschaft liegt das größte Seengebiet der Sahara. Zwischen Dünenkämmen glänzen Wasserflächen in unterschiedlichsten Farben. Einige sind teilweise, manche vollständig mit Schilf bewachsen.

Ounianga Serir, das 100 Kilometer östlich von Ounianga Kebir gelegene Gebiet, wartet mit einer neuen Überraschung auf. Wie eine Formation von Schlachtschiffen ragen drei Inseln aus der 20 Quadratkilometer großen Wasserfläche. Auf einer der Inseln erspähen wir die von U. Karstens anlässlich einer GEO-Expedition

GERO HILLMER
SEPP FRIEDHUBER

Wie ein Fata Morgana tauchen die Seen von Ounianga nach 1200 Kilometern Wüstenpiste auf. Diese entlegene Landschaft gehört zu den schönsten der Sahara.

Seite 94:
Ounianga ist die größte Seenlandschaft der Sahara und wird von unterirdischen Grundwasserquellen gespeist. Vom Ultralight-Flugzeug offenbart sich die tatsächliche Größe der Seen.

entdeckten Überreste einer steinzeitlichen Fliehburg (GEO 10/1999). Hinter diesen kreisrunden Steinwällen auf dem Inselplateau suchten die Menschen einst Schutz vor ihren räuberischen Nachbarn und den durchziehenden Nomadenstämmen.

Von Ounianga ziehen Wadis nach Süden und vereinigen sich zum Bahr el Ghazal, in das auch die Täler aus dem Ennedi-Gebirge münden. Auch hier könnte eines der Quellgebiete des Uramazonas gelegen sein. So wie der heutige Amazonas, der in den Anden von einer unbestimmten Zahl von Zuflüssen gespeist wird, bezog auch der Uramazonas sein Wasser von vielen Quellen.

Die Seenlandschaften von Ounianga Kebir und Ounianga Serir liegen nur etwa 200 Kilometer östlich des Tibesti-Gebirges inmitten einer Extremwüste. Der Nubische Sandstein aus dem Mesozoikum bildet eine Schichtstufe im südlichen Bereich des großen Kufra-Grundwasserbeckens. Dort gab es eine Vielzahl an abflusslosen Seen. Sie sind im randlichen Grundwassernährgebiet des riesigen Kufra-Beckens als Restseen fossiler Grundwässer erhalten geblieben und einer unterschiedlich intensiven Verdunstung ausgesetzt.

Jährlich verdunstet hier – nach Schätzungen – eine mindestens drei bis fünf Meter mächtige Wassersäule, die aus dem Grundwasserbecken nachgespeist wird.

Die vertikalen Temperaturunterschiede in der Wassersäule sind sehr groß. Während die Temperatur des leichten, salzarmen Oberflächenwassers bei 18° C liegt, nimmt die Wassertemperatur nach unten im Bereich des schweren salzreichen Wassers deutlich zu.

Von Nordost nach Südwest streichen Sanddünen in die Seen und zerteilen sie in einzelne Wasserbecken.

Auffallend ist, dass die Salzgehalte in zwei benachbarten Seen extrem unterschiedliche Werte aufweisen: In einem Teilbecken beträgt die Salzkonzentration 300 Gramm, im unmittelbar benachbarten lediglich 29 Gramm pro Liter. Bakterien und Algen färben das Wasser im See mit dem extrem hohen Salzgehalt rot. Der grünlich gefärbte See mit dem viel geringeren Salzgehalt ist reich an Cyanobakterien, überwiegend fädigen Algen und dem Salinenkrebs *Artemia salina*. Doch es gibt auch Seen, die nahezu Süßwasserqualität aufweisen, in denen Buntbarsche, *Tilapien*, leben. Zur Klärung der außerordentlich auffälligen extremen Unterschiede im Salzgehalt der Seen fehlen bisher

Durch den enormen Salzgehalt des Wassers verkrusten Palmen und Gräser im Uferbereich mit dicken Salzpanzern.

Mesozoikum   248 – 65 Mio. Jahre

Doppelseite 96/97:
An den wenigen windstillen Tagen spiegeln sich die Plateauberge des Nubischen Sandsteins in den Seen von Ounianga Kebir.

moderne Untersuchungen. So ist über die Salzverteilung in den Seen, über detaillierte Temperaturabstufungen in der Wassersäule sowie über die Isotopenverteilung der Grundwässer nichts bekannt. Auch über tiefere Grundwasser-Erkundungsbohrungen liegen keine Informationen vor.

Das erstmals von U. George (GEO 10/1999), skizzierte hydrologische Modell der Ounianga Serir-Seen, basiert auf der Vorstellung, dass die sehr unterschiedlichen Salzkonzentrationen maßgeblich durch die Schilfvegetation auf der Seeoberfläche gesteuert werden. Dabei soll die dichte Wasserpflanzenvegetation in einigen Seen die Verdunstungsraten stark herabsetzen, und Seen ohne Wasserpflanzenbedeckung sollen als gewaltige „Verdunstungspumpen" wirken.

Unsere Messungen in zwei durch eine etwa 50 Meter breite Sanddüne getrennten Seen weisen einen Unterschied im Salzgehalt von einer Zehnerpotenz auf. Da einerseits Verdunstungsraten kleinräumig nicht so massiv schwanken und andererseits Vegetation auf der Wasserfläche keinen Einfluss auf Verdunstungsraten hat, kommen doch eher besondere hydrogeologische Verhältnisse für eine Erklärung in Frage.

Aufgrund von Beobachtungen in vergleichbaren libyschen Seen durch F. Thiedig kann der mit 300 Promille extrem hohe Salzgehalt des einen Sees nur durch eine sehr hohe Verdunstung über einige tausend Jahre entstanden sein.

Es kann angenommen werden, dass ständig süße bis brackische Grundwässer aus dem Nubischen Sandstein aufsteigen und sich in den randlichen, etwa zehn Meter höher gelegenen Seen sammeln. Durch permanente Verdunstung über große Zeiträume hin-

80 Meter über dem heutigen Seeniveau finden wir 9500 Jahre alte Seekreideablagerungen mit einer sehr individuenreichen Schneckenfauna. Es handelt sich um ufernahe Ablagerungen des Paläo-Tschad.

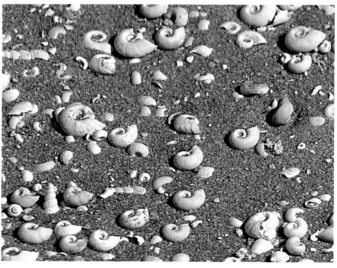

weg kommt es zu einer kontinuierlichen Erhöhung des Salzgehaltes, wobei das schwere, hochkonzentrierte Salzwasser absinkt und sich allmählich im Beckenzentrum sammelt.

Der Nachbarsee dagegen ist vermutlich nur mit brackischem Wasser überschichtet. Darunter wird der Salzgehalt des Wassers ebenfalls bei extremen 300 Promille liegen. Insgesamt dürften die höher gelegenen randlichen Seen des Gesamtbeckens von Ounianga

Serir durch ein oberflächennahes, geringer mineralisiertes Grundwasser gespeist werden.

Rund um die Seen finden wir windgeschliffene Felsformationen und Windgassen, die vom permanent wirkenden Sandstrahlgebläse des Passats aus dem bunten Nubischen Sandstein modelliert wurden. Auf unseren Streifzügen stoßen wir in einem labyrinthischen Seitental, 80 Meter über dem heutigen Seeniveau, auf Ablagerungen von Seekreide.

Auf einer Insel im großen See von Ounianga Serir sieht man die Überreste einer steinzeitlichen Ansiedlung, die den Menschen Schutz vor räuberischen Nomaden geboten hat.

Viele Bewohner von Ounianga
Serir sind Halbnomaden
und die meisten Hütten des
Dorfes sind unbewohnt.

Märchenhaft schön offenbart sich die Seenlandschaft von Ounianga Kebir und Serir. Wegen der politischen Probleme ist sie jedoch für Touristen nur unter größten Schwierigkeiten zu erreichen.

Diese kreidig-kalkigen Sedimente eines ehemaligen Süßwassersees bestehen größtenteils aus sehr individuenreichen, filigran-spiralförmigen Schnecken. Die glänzend weißen aragonitischen Gehäuse sind sehr gut erhalten, so dass eine postmortale Umlagerung der Schneckengehäuse im See ausgeschlossen werden kann. Es handelt sich um Lungen- und Kiemenschnecken, die unter sehr günstigen Lebensbedingungen in einem drei bis fünf Meter tiefen, sehr gut durchlüfteten, lichtdurchfluteten Süßwassersee gelebt haben.

Die Radiokarbon-Datierung der Gehäuse ergab ein Alter von 9500 Jahren. Daraus kann mit einigem Vorbehalt gefolgert werden, dass sich der Tschadsee damals bis hierher erstreckte. Die Möglichkeit, dass es sich um ein isoliertes Teilbecken handeln könnte, ist bisher wissenschaftlich nicht geklärt. Die Ufer des heutigen Tschadsees liegen 1000 Kilometer weiter südlich, seine Fläche ist auf einen Bruchteil der ursprünglichen geschrumpft.

Wir stehen also an den einstigen Ufern des Paläo-Tschad, und da, wo einst Wasser an die Ufer brandete, liegt nun ein Meer aus Sand und Stein.

GUELTA ARCHEI

SEPP FRIEDHUBER

Seite 107:
Atemberaubend ist der Blick in die
Guelta Archei.

Das Ennedi-Gebirge ist ein paläo-
zoisches Sandsteinmassiv. Durch zwei
sich kreuzende Kluftsysteme kommt es
zur grobsäuligen Pfeilererosion.

Ennedi, ein paläozoisches Inselgebirge an der Grenze zwischen Tschad und Sudan: Im Umkreis von tausend Kilometern gibt es nur trockene, lebensfeindliche Wüste – hier soll einst der Amazonas entsprungen sein.

Guelta Archei: Ein ausgetrocknetes Wadi führt zwischen senkrechten Sandsteinwänden in eine tiefe Schlucht. Bereits beim Eingang, noch lange bevor wir die wahre Dimension des Schauspiels erahnen können, empfängt uns eine Geräuschkulisse, die archaisch wirkt. Hunderte Kamele sind zur Tränke gekommen, und ihr Brüllen und Ächzen bricht sich vielfach in den

Felsen. Eingebettet in eine tiefe Schlucht liegt die Guelta, die das Kostbarste der Wüste birgt: Wasser.

Die Guelta ist die ergiebigste Wasserstelle im Ennedi-Gebirge, daher kommen die Nomaden mit ihren Kamel-, Ziegen- und Schafherden aus einem Umkreis von mehr als hundert Kilometern hierher, um ihren Durst zu löschen.

Das Gebiet befindet sich im Besitz eines Clans aus dem Volk der Goran. Doch obwohl die meisten Clans wegen der ständigen Auseinandersetzungen um die Weidegründe verfeindet sind, muss allen Nomaden der Zutritt zum Wasser gestattet werden. Dies gebieten die Gesetze

der Wüste. Man darf zwar Feinde töten, aber den Zugang zum Wasser darf man ihnen nicht verwehren.

Bis zum Bauch stehen die Tiere im Nass und tanken sich mit langen, gierigen Zügen voll, obwohl die Brühe vom Urin und Kot schon eine braun-gelbe Färbung angenommen hat.

Am Rand der Schlucht, unter den überhängenden Sandsteinwänden, lagern die Hirten um ein Feuer und brauen Pfefferminztee. Es sind misstrauische Gesellen, und auf ihren reich geschmückten Sätteln lagernd, beobachten sie uns argwöhnisch. Plötzlich zieht eine neue Herde durch die Schlucht und bei den Hirten kommt Hektik auf.

Mit lauten Schreien und Pfiffen treiben sie ihre Kamele zusammen, damit sie sich nicht mit den ankommenden Tieren vermischen. Angesichts des nahen Wassers brüllen die Kamele und sind kaum im Zaum zu halten. Aber erst nachdem die trinkende Herde ihren Durst gelöscht hat, bekommt die nächste Zutritt.

Angeblich sollen im Inneren der Schlucht noch Krokodile leben. Als ich vor zwei Jahren an dieser Stelle stand, hatte ich das Gerücht von den Panzerechsen nicht ganz ernst genommen. Damals sahen wir keine einzige. Die Hirten erzählten uns, dass sie selbst die Tiere nur alle paar Monate zu Gesicht bekämen und dies auch nur während der Nacht. Dann wagen sie sich ans Ufer, um am Kadaver eines verendeten Kamels ihren Hunger zu stillen.

Ansonsten hält sich die Auskunftsfreudigkeit der Einheimischen in Grenzen. Für sie sind die Krokodile heilig, und sie glauben, wenn die Reptilien verschwinden, wird auch das Wasser der Guelta versiegen. Eine Logik, die sich von selbst ergibt. Die Frage ist nur, wer zuerst verschwindet, die Krokodile oder das Wasser.

Dass Krokodile in der Sahara und im Sahel vielfach kultische Bedeutung haben, konnte ich auch bei den Dogons in der Falaise von Bandiagara in Mali erleben. Dort werden in einigen Teichen heilige Krokodile gehalten und verehrt. Diese dürften allerdings aus dem nicht weit entfernten Niger dorthin gebracht worden sein.

Doch diesmal wollen wir der Sache näher auf den Grund gehen. Ein halbwüchsiger Nomadenjunge führt uns durch eine steile, geröllbedeckte Rinne auf das Plateau des Inselberges. Der Ausblick ist überwältigend, und das Brüllen der Kamele bricht sich hun-

Seite 108:
Bizarre Sandsteinformationen prägen das Landschaftsbild des Ennedi-Gebirges.

Seit dem Perm vor 290 Millionen Jahren haben Wind und Wasser die Sandsteine des Ennedi erodiert. Nur mehr die harten Kerne dieses Insel-gebirges sind übrig geblieben.

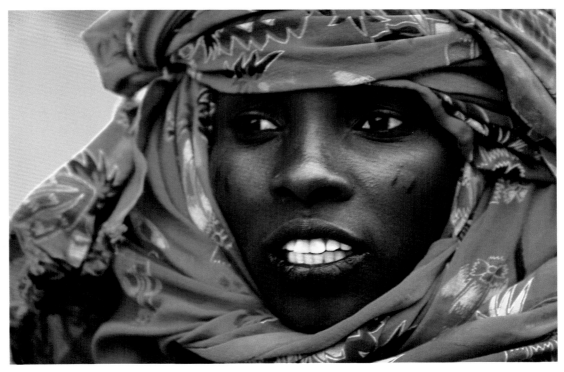

Die Nomaden vom Stamm der Goran führen ein einfaches, karges Leben. Fremden gegenüber sind sie misstrauisch und unzugänglich.

dertfach in den senkrechten Sandsteinwänden. Unter uns spiegeln sich die Kamele im Wasser der Guelta. Erst von hier offenbart sich auch die grüne Oase am hinteren Ende der Schlucht.

Der Abstieg ist überraschend einfach. Je tiefer wir steigen, umso vorsichtiger wird der Führer. Auf einem Felsabsatz lassen wir unsere Rucksäcke zurück und spähen vorsichtig über den Rand. Wir wagen kaum zu atmen, denn Krokodile sind äußerst scheu und reagieren auf jede Bewegung. Plötzlich stolpert mein Auge über ein sonderbares Etwas auf der gegenüberliegenden Uferseite. Ist es ein dürres Holzstück oder eines der letzten Wüstenkrokodile der zentralen Sahara?

Beim Blick durch das Fernglas löst sich das Rätsel. Ein zwei Meter langes Krokodil liegt regungslos im Sand! Im Lauf des Tages finden wir noch vier weitere Exemp-

lare. Angeblich sollen noch sieben am Leben sein. Von einem alten Nomaden erfahren wir, dass es in den sechziger Jahren noch mehr als 30 Echsen in der Guelta gegeben hat. Seither ist das Wasser immer weniger geworden und die Zahl der Krokodile hat kontinuierlich abgenommen.

Vor einigen Jahren schwamm ein Exemplar nach starken Regenfällen in das Wadi hinaus, wo es dann verendete. Angeblich soll es ein weiteres Wasserloch im Ennedi-Gebirge geben, in dem nur ein einziges Krokodil überlebt hat.

Es dürfte nur mehr eine Frage von wenigen Jahren sein, bis auch die Restpopulation in der Guelta Archei ausgestorben ist. Da die Tiere – vermutlich wegen des Nahrungsmangels – nur eine geringe Größe erreichen, werden sie auch als Zwergkrokodile bezeichnet. Der Grazer Zoologe Peter Praschak fing während einer Expedition im Herbst 2000 eines dieser Tiere und entnahm eine Gewebeprobe für eine DNA-Untersuchung. Aufgrund der DNA-Analyse wurden ein deutlicher Unterschied zu den Nilkrokodilen und eine Übereinstimmung mit jenen in Mauretanien festgestellt. Damit ist erwiesen, dass es sich bei den Zwergkrokodilen der Sahara um eine eigene Art und nicht um eine Hungerform des Nilkrokodils handelt.

Die von uns beobachteten Exemplare erreichen Längen von 1,20 bis 2,20 Meter. Ganz junge Tiere gibt es nicht, daher dürfte schon seit längerer Zeit keine Fortpflanzung stattgefunden haben.

Interessant ist auch die Frage, ob es noch zwei Geschlechter gibt oder ob die Population nur aus Männchen oder Weibchen besteht. Die Verteilung der Geschlechter ist bei Krokodilen von der Bruttempera-

Als sich die Flüsse aus der Sahara zurückgezogen haben, sind einige wenige Krokodile in der Guelta Archei zurückgeblieben.

tur des Sandes abhängig. Diese wird wiederum von der vertikalen Entfernung zum Wasser beeinflusst.

Bei einem Mittelwert, der sich zwischen 30 und 32° C bewegt, entstehen gleich viele Männchen und Weibchen. Liegt die Temperatur um einen halben Grad darunter, entstehen 75 Prozent Weibchen, bei einem Grad Differenz nur mehr Weibchen. Männchen entstehen bei entsprechend höheren Temperaturen. Die Schwellentemperatur kann bei verschiedenen Lebensräumen erheblich schwanken.

In der Guelta Archei ist der Lebens- und Brutbereich inzwischen so weit eingeschränkt, dass vermutlich nur mehr ein Geschlecht vorhanden ist.

Die dramatischen Veränderungen in der Sahara in historischer und prähistorischer Zeit behandelte bereits 1933 J. Joleaud in seiner geo-zoologischen Studie über das Berberland. Er beschreibt dabei eine Reihe von Funden fossiler Krokodilzähne und Knochen aus dem gesamten Sahararaum.

Durch die Klimaerwärmung am Ende der letzten Eiszeit vor zirka 8000 Jahren begann die kontinuierliche Austrocknung der Wasserläufe und Feuchtgebiete. Verschiedene Autoren wie Plinius (23/24–79 n. Chr.) und Pausanias (110–180 n. Chr.) berichteten von Krokodilen im marokkanischen Hohen Atlas. Joleaud behauptet, dass sogar in den dreißiger Jahren des 20. Jahrhunderts Restpopulationen in sechs Gebieten der Sahara nachgewiesen wurden.

Angeblich soll ein französischer Fremdenlegionär 1930 das letzte Krokodil im Hoggar-Massiv erschossen haben. Die restlichen von Joleaud beschriebenen Vorkommen sind im Lauf der Zeit verschwunden, lediglich über die Krokodile in der Guelta Archei kursierten

Gerüchte, bis wir uns selbst von deren Existenz überzeugen konnten.

Im Jahr 2000 ließ der deutsche Zoologe W. Böhme die Fachwelt aufhorchen. Anlässlich einer wissenschaftlichen Expedition in Mauretanien besuchte er ein Gebiet 800 Kilometer östlich von Nouakchot. Inmitten einer bizarren Felslandschaft entdeckte er mit seinen Mitarbeitern Krokodile in halb unterirdischen Gueltas. Einige konnten gefangen und wissenschaftlich untersucht werden. Auch die dort gesichteten Exemplare erreichten nur Längen von zirka zwei Metern.

Der Bestand wird allerdings auf 50 bis 60 Reptilien geschätzt, und damit handelt es sich mit Abstand um die größte bekannte Krokodilpopulation in der Sahara. Wahrscheinlich gibt es in Mauretanien noch einige andere Vorkommen. Im Gegensatz zu den Ennedi-

Die wenigen noch lebenden Krokodile in der Guelta Archei sind extrem scheu.

Die Nomaden der Sahara sind stolze Menschen. Ihr ganzer Reichtum sind ihre Kamele.

Krokodilen wurden dort sehr junge Exemplare gesichtet, was auf eine funktionierende Reproduktion hinweist. Die Entdeckung muss vor allem auch deshalb als sensationell bewertet werden, weil die drei von Joleaud in Mauretanien beschriebenen Vorkommen seit den dreißiger Jahren als endgültig ausgestorben galten.

Somit lässt sich die jüngere, wechselhafte Klimageschichte der Sahara nicht nur anhand von Fossilien, Felsbildern und geomorphologischen Phänomenen demonstrieren, sondern auch durch die überraschende Existenz der letzten rezenten Wüstenkrokodile. Sie sind lebende Zeugen dafür, dass noch vor wenigen Jahrhunderten die Zuflüsse des Senegals, des Nigers und des Nils weit in die Gebirge der Sahara hinein reichten.

Eine Sonderstellung nimmt dabei das paläozoische Inselgebirge des Ennedi ein. Das inzwischen ausgetrocknete Wadi Howar im Sudan wurde von S. Kröpelin als Gelber Nil bezeichnet. Er entwässerte das Ennedi-Gebirge nach Osten zum Nil. Nach Westen erfolgte die Entwässerung über eine Reihe von Wadis ins Bahr el Ghazal und weiter in den Tschadsee. Dieser hatte früher über die Bénoué-Senke eine Verbindung zum Niger. Vor mehr als 150 Millionen Jahren, als Afrika und Südamerika noch zu einem gigantischen Urkontinent vereinigt waren, müssen hier die Quellen des Uramazonas gelegen haben. Mehr als 14.000 Kilometer legte der längste Fluss der Erdgeschichte bis zu seiner Mündung im Pazifik zurück.

TIBESTI

SEPP FRIEDHUBER

*Irgendwann wird der Planet
Erde zurückkehren.
Zum Anfang.
Da war nur Staub, Steine,
Wüste.
Lange bevor das Leben kam,
war Wüste.
Und alles wird wieder Wüste
werden.
Weil das Leben nicht für die
Ewigkeit gedacht ist.
Die Wüste war der Anfang
und sie wird wieder kommen.*

REINHARD KLAPPERT

Quartär   1,8 Mio. Jahre bis heute
Tertiär   65 – 1,8 Mio. Jahre

*Die Sandsteintürme von Bardai
werden auch als die Dolomiten der
Sahara bezeichnet.
Ihr Baumeister war der Wind.
Er hat bizarre Formationen aus dem
weichen Sandstein modelliert.*

Mondlandschaft, außerirdisch, monumental: Das sind die Attribute, die der Sahara-Kenner mit dem Tibesti verbindet. Das Tibesti ist vulkanischen Ursprungs und das höchste Gebirge der Sahara. Von Kräften aus dem Erdinneren geformt, ragen Vulkankrater mehr als 3000 Meter in den Wüstenhimmel, der Emi Koussi erreicht gar eine Höhe von 3415 Metern. Paläozoische Sandsteinformationen wechseln hier mit Vulkanbergen gigantischen Ausmaßes. Megavulkane, deren Krater an der Caldera 18 und an der Basis einen Durchmesser von 70 Kilometern erreichen, bedecken mit ihren Lava- und Tuffgesteinen fast ein Drittel der Gebirgsfläche von insgesamt 100.000 Quadratkilometern. Die ständig von Nordost zum Äquator streichenden Passatwinde und die enormen Temperaturgegensätze frästen und sprengten eine fast vegetationslose Erosionslandschaft aus den Gesteinen.

Zur Zeit des Urkontinents Gondwana wölbten sich die Gesteine des Grundgebirges (Granite, Gneise und Schiefer) sowie die Deckschichten aus paläozoischem Sandstein zu zwei Schwellen (Tibesti-Tripoli- und Tibesti-Syrte-Schwelle) heraus. Im Zuge der Alpidischen Gebirgsbildung im Tertiär und Quartär wurden die zwei tektonischen Bruchzonen wieder aktiv, und es kam zu einer regen vulkanischen Tätigkeit. Durch Risse in der Sandsteindecke drang magmatisches Gestein in mächtigen Eruptionen an die Oberfläche. Alle Landschaften über 1200 Meter sind vulkanischen Ursprungs. Im Westen entstand der Pic Tousside, mit 3265 Metern der zweithöchste Berg der Sahara. Seine Ascheneruptionen lagerten mehrere hundert Meter mächtige Tuffschichten ab. An seiner nordöstlichen Flanke klafft das mächtige Natronloch, der Trou

Natron. Die Caldera ist ein Einbruchskrater mit einem Durchmesser von sieben Kilometern und einer Tiefe von bis zu 1000 Metern. Kleine schwarze Parasitärvulkane entstanden gegen Ende der Eruptionsaktivität nach dem Einsturz und Absacken der Caldera. Die seltenen Regenfälle lösen Salze aus den Kraterwänden, und nach dem Verdunsten des Wassers blieben am Grund schneeweiße Salzkrusten zurück.

Die Hochflächen zwischen Pic Tousside im Westen und Emi Koussi im Osten sind durchgehend mit vulkanischem Eruptionsmaterial bedeckt – die schwarzen Vulkanite geben der Landschaft ein düsteres, bedrohliches

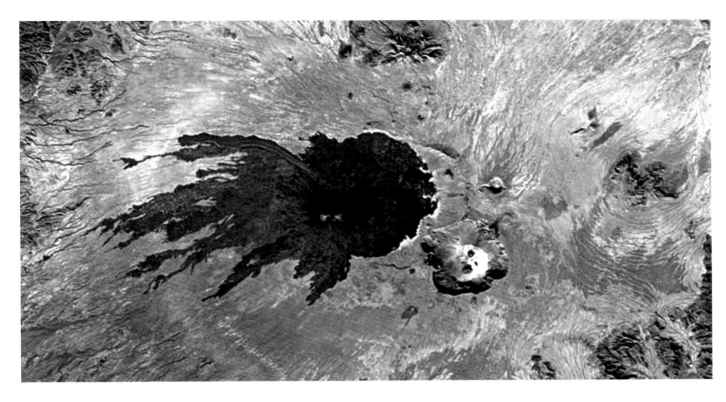

Satellitenbilder des Tibesti vermitteln den optischen Eindruck einer Mondlandschaft. Die Aufnahme zeigt die ausgedehnten Lavaströme des Pic Tousside und die weißen Salzablagerungen des Trou Natron.

und lebensfeindliches Gepräge. Nur mehr an einer Stelle, in Soboron, südlich von Bardai, findet man postvulkanische Erscheinungen wie Schlammvulkane, heiße Quellen und Solfataren. In den Randbereichen bei Zouar, Bardai, Aozou sowie östlich und südlich von Yebbi Bou tritt der stark erodierte paläozoische Sandstein zu Tage. Allerdings begegnet man auch hier vulkanischen Gesteinen, denn die Lavaströme haben sich oft weit durch die Täler bis in die Becken ergossen. In den Trommelbergen am östlichen Rand des Tibesti hat der Wind bizarre Türme und Felsportale aus dem rotbraunen Sandstein gefräst. Wälle aus erstarrter Lava wälzten sich einst vom Emi Koussi in die umliegenden

Täler. Sie gleichen den schwarzen Gerippen von riesigen Sauriern und trotzten den Kräften der Erosion erfolgreicher als die viel weicheren Sandsteine.

RIESENKRATER UND SANDSTEINTÜRME

Tarso Voon und Tarso Toon sind gewaltige kreisrunde Kraterlandschaften des zentralen Tibesti mit einem Durchmesser von bis zu 18 Kilometern. Eruptionen dieses Ausmaßes müssen epochale Ereignisse mit transkontinentalen Auswirkungen gewesen sein. Der Grad der Zerstörung ist auf Bildern, die im

Der Trou Natron ist eines der geologischen Wunder im Tibesti. Nur wenige Europäer haben ihn bisher zu Gesicht bekommen, weil diese abgeschiedene Ecke der Sahara sehr schwer erreichbar ist und immer wieder politische Turbulenzen den Zugang vereiteln. Die Einheimischen steigen in den 1000 Meter tiefen Krater und holen das Salz nicht nur für sich selbst, sondern auch als Leckstein für die Tiere. Salz ist in der Wüste Mangelware und daher sehr kostbar. Es gab Zeiten, da wurde es gegen Gold getauscht.

„Der Anblick war großartiger als ich geahnt hatte. Staunend und bewundernd stand ich am Rande eines riesigen Kraters, der uns vom Tusidde Kegel trennte.
Derselbe stellte einen abgerundeten Trichter dar, dessen fast kreisrunder, scharfer Rand wohl drei bis vier Stunden im Umkreise haben mag, und der mehr als 500 Meter tief ist. Die Wandungen des Trichters fallen in ihrem oberen Teile steil ab, und ihre dunkle Farbe kontrastiert scharf mit schmalen, gewundenen Fäden von weißen Salzen, welche den einstigen Krater als Natrongrube bezeichnen lassen, und welche sich wie Rinnsale gegen die Mitte der Grube hin schlängeln. Dort erhebt sich ein kohlschwarzer Hügel von regelmäßiger Kegelform, der an der Spitze eine kleine Einsenkung mit weißem Inhalt trägt und dessen Basis von derselben weißen Masse umgeben ist."
GUSTAV NACHTIGAL, 1869

Zuge von Space Shuttle-Missionen belichtet wurden, besonders deutlich zu erkennen.

Während die jüngeren Krater, wie eben der Tarso Voon und der Tarso Toon oder der größte von ihnen, der Tarso Yega, noch das typisch kreisrunde Bild des Kraterrandes zeigen, ist der ältere, der Abeki, schon weitgehend zerstört und zu einer Vulkanruine zerfallen.

Eine Durchquerung des zentralen Tibesti, von Bardai über Souma, Yebbi Bou nach Gouro, führt durch die markantesten Landschaftsformen. Sandsteintürme wechseln mit Halden von Lavaschuppen, die mit Wüstenlack überzogen sind. Wüstenlack nennt man die aus metall-

hältigen Lösungen ausgefällten Eisenoxidkrusten. Immer wieder tauchen die Zinnen der Kraterränder auf, ehe man in die mit Sand gefüllten Becken der Trommelberge absteigt.

Nach Osten verlässt man das Hochgebirge über steinige Hochflächen, so genannte Seriers, und gelangt schließlich in die nubischen Sandsteinplateaus.

Das Tibesti wird immer wieder als das entlegenste Gebirge der Welt bezeichnet. Dies trifft heutzutage weniger auf die geographische, sondern vielmehr auf die politische Erreichbarkeit dieses interessanten und reizvollen Gebietes zu.

Immer wieder stößt man auf Relikte aus dem Krieg gegen Libyen. Drastischer könnte die Sinnlosigkeit kriegerischer Auseinandersetzungen nicht demonstriert werden. In einem Land, in dem Kinder in der Schule ihre Buchstaben in den Sand zeichnen müssen, weil weder Papier noch Stifte vorhanden sind, spielten beim Kriegsmaterial Milliarden Dollar keine Rolle. Neben tausenden Toten verlor Libyen 500 Panzer.

MINENGÜRTEL UND REBELLEN

Für den Fremden ist eine Reise in das Tibesti nach wie vor mit größten Schwierigkeiten verbunden. Wenn nicht gerade Bürgerkrieg, Rebellion gegen die Regierung in N'Djamena oder Stammesfehden den Zugang unmöglich machen, so ist es auch sonst nicht einfach, in das trockene Herz der Sahara zu gelangen. Wegen der Minengürtel aus dem Krieg gegen Libyen, der 1988 zu Ende ging, sind viele Landstriche, Pässe und Übergänge unpassierbar. Oft ermöglichen nur wenige 100 Meter breite Korridore den Durchschlupf. Schwere Regenfälle haben 1994 die Sprengkörper aus verminten Wadis weggeschwemmt, und kein Mensch kann auch nur annähernd lokalisieren, wo die todbringenden Ladungen liegen.

Daher passieren nach wie vor schreckliche Unfälle durch die Relikte eines vor Jahren beendeten Krieges. Die nun ständig wieder aufflammenden Rebellionen gegen die Regierung in N'Djamena führen dazu, dass ehemals passierbare Pisten kurzerhand neu vermint werden. Lastautos oder Karawanen, die im Sandsturm von der Piste abkommen, geraten immer wieder in die verhängnisvollen Zonen. Zerfetzte Autowracks sind die stummen Zeugen dieser Dramen. Aufgrund der fehlenden medizinischen Versorgung überleben die meisten Opfer nicht.

Die Piste von Zouar über den Trou Natron nach Bardai gilt nach wie vor als eine der schwierigsten in der Sahara. Sowohl Fahrer als auch Autos werden auf eine harte Bewährungsprobe gestellt. Das Erreichen des Zieles ist nicht selbstverständlich, wie es die vielen defekten Fahrzeuge am Pistenrand beweisen. Eine

Durchquerung des Gebirges von West nach Ost gehört zu den ganz großen Herausforderungen für den Sahara-Reisenden und ist seit Ende 1999 wegen der Aufständischen wieder unmöglich.

Die Kalaschnikow ist der ständige Begleiter der Tubu. Auch wenn sie in den Oasen und größeren Orten nicht offen getragen wird – unterwegs trifft man keinen Tubu, der unbewaffnet ist.

TUBU, DIE FELSENMENSCHEN

Nur etwa 4000 Menschen leben in dieser extrem trockenen Gebirgswüste mit der Größe von Österreich. Es sind Tubu, die Felsenmenschen oder die Brüder des Windes, wie sie immer wieder bezeichnet werden. Sie gelten als ein feindseliges, misstrauisches

Eine Nomadenfamilie mit ihrem ganzen Hab und Gut auf dem Weg zu neuen Weidegründen. Für die Kleinsten der Familie ist die Reise ein Härtetest fürs Überleben. Ungeschützt der prallen Sonne ausgesetzt, sind die Kinder auf dem Rücken der Kamele festgeschnallt.

Volk, das, ausgestattet mit einer unvorstellbaren Zähigkeit, selbst in dieser extrem kargen Landschaft überleben konnte. Sogar technisch weit überlegenen Feinden gelang es nie, sie zu besiegen.

Die Gebirgswüste des Tibesti ermöglicht nur an wenigen Plätzen eine dauerhafte Besiedlung. Wasser ist Mangelware, und nur in den Hauptoasen wie Faya,

Zouar, Bardai und Yebbi Bou findet eine größere Zahl von Menschen eine Überlebensbasis.

Durch die Kriege und die zunehmend dramatischer werdende Wasserknappheit sind gerade in den letzten Jahren viele Tubus abgewandert. Im Umkreis von Faya entstanden etliche Elendslager. Die Bewohner leben in bitterer Armut.

Ahmed und Mohamed, unsere beiden Chauffeure im Tibesti.

Frauen zu fotografieren ist nicht einfach. Trifft man sie alleine an, hat man eher eine Chance als in Begleitung des Mannes.

Nachtigals Ankunft in Bardai:

„*Wir betraten das Tal und begannen
schon, uns zwischen den graziösen
Gruppen von Dattelbäumen und
Dumpalmen durchzuwinden, die
hier und da menschliche Wohnungen
in ihrem Schatten bargen, als plötzlich ein dumpfes Brausen, ein ver-
dächtiges Geräusch an unser Ohr
drang, das von zahlreichen schreien-
den und tobenden menschlichen
Stimmen herzurühren schien. Atemlos
hielten wir an und lauschten ratlos.
Wie ich anfangs noch nicht glauben
wollte, dass dies die Einwohner
von Bardai seien, welche sich beim
Gerüchte unserer Ankunft zusammen-
gerottet hatten und uns blutig zu
begrüßen kamen, so dauerten meine
Zweifel doch nicht lange. Das Getöse
kam näher und näher, die Männer
brüllten, klirrten und rasselten mit
den Waffen. Die Weiber kreischten
und ließen das übliche Zungenschlag-
geräusch hören; die Kinder schrien.*“

Die Tubu, ein Volk von insgesamt 30.000 bis 40.000 Menschen, besiedeln nicht nur das Tibesti, sondern auch den nordöstlichen Niger und das südliche Libyen. Ihre Herkunft ist rätselhaft, doch dürften sie als Angehörige des Volkes der Goran vor zirka 2000 Jahren aus dem Hochland von Äthiopien eingewandert sein.

Damals war die Sahara noch in weiten Bereichen fruchtbar. Im Tibesti gab es noch viele grüne Inseln, wo Elefanten, Büffel, Giraffen und Nashörner weideten. Angeblich stammten jene Elefanten, mit denen Hannibal die Alpen überquerte, aus dem südlichen Libyen. In den letzten zwei Jahrtausenden trocknete die Sahara immer schneller aus, und die Weidegründe im Tibesti schrumpften zu kärglichen Relikten zusammen.

Diese Situation, die vom täglichen Kampf ums Überleben bestimmt ist, hat das Volk geprägt. Gegenüber Fremden sind die Tubu extrem schwierig, unberechenbar und unzugänglich.

Für diese Viehzüchter, die vorwiegend Kamele, Schafe und Ziegen auf ihren Hochweiden hüten, galt Oasenarbeit seit jeher als unwürdig und nicht ehrenhaft. Daher brachten sie von ihren grausamen und gefürchteten Raubzügen, die sie weit in den Sudan und in den schwarzafrikanischen Süden des Tschad führten, nicht nur Vieh und Handelswaren mit. Sie raubten auch die Bewohner der Dörfer und versklavten sie zur Arbeit in den Oasen. Raub gehört seit jeher zu ihrer Überlebensstrategie.

Das Volk der Tubu ist bis heute in seiner sozialen Grundstruktur unverändert geblieben. Nach wie vor sind ihre Denk- und Verhaltensmuster für den Europäer

Die Oase Bardai ist der Hauptort des nördlichen Tibesti. Hier steht die Zeit still. Im Zeitalter von Internet, Cyberspace und Gigabyte ist eine Reise nach Bardai eine Zeitreise ins Mittelalter. Seit jener Zeit, als Gustav Nachtigal 1869 hier ankam und wochenlang gefangen gehalten wurde, hat sich nicht viel verändert.

unverständlich, da sie sich auf eine völlig andere Art mit der Natur und dem Leben auseinandersetzen.

Unvorstellbare Zähigkeit gegenüber einer extrem harten Umwelt sowie Feindseligkeit und Aggressivität gegenüber Menschen, die von außen in ihre Welt eindringen, haben sie seit Jahrhunderten davor bewahrt, von externen Mächten unterworfen zu werden. Das ist auch den französischen Fremdenlegionären nicht gelungen, obwohl die nicht gerade zimperlich agierten.

Auch Libyen, das sich in den Bürgerkrieg einmischte, scheiterte 1988 trotz technischer und zahlenmäßiger Überlegenheit in der Entscheidungsschlacht im Wadi Doum kläglich.

Auseinandersetzungen mit der Zentralregierung münden immer wieder in Rebellion und Bürgerkrieg. Das Tibesti und seine Bewohner bilden nach wie vor die Keimzelle des Widerstandes, und die Unzugänglichkeit des Gebirges macht die Aufständischen für ihre Verfolger unerreichbar.

TIBESTI-REISE 1869: GUSTAV NACHTIGAL

Nachtigal, 1834 als Sohn eines Pfarrers in Eichstätt bei Stendal geboren, wird als körperlich schwaches, schüchternes und ängstliches Kind beschrieben. Sein Vater starb sehr früh an Lungenschwindsucht, und so wuchs er in sehr bescheidenen Verhältnissen auf.

Nach dem Gymnasium begann er ein staatlich finanziertes Studium zum Militärarzt, wechselte jedoch später zu einem freien Medizinstudium. Bei seinen Bierreden im Studentencorps offenbarte er immer wieder seine Sehnsucht nach Abenteuern, indem er von imaginären Reisen nach Afrika erzählte. Ein Lungenleiden veranlasste ihn schließlich, in ein warmes, trockenes Land zu ziehen.

So folgte er seinen Träumen und reiste 1862 nach Nordafrika, wo er jahrelang als praktizierender Wanderarzt herumzog und dabei Sprache, Kultur und Sitten des Landes kennen lernte. Allmählich besserte sich sein Gesundheitszustand, und 1867 bestellte ihn der Bey von Tunis zu seinem Leibarzt.

Ein Zufall führte ihn mit dem bekannten Wüstenforscher Gerhard Rohlfs zusammen. Dieser hatte auf

einer dreijährigen Reise die Sahara von Tripolis zum Tschadsee und weiter nach Lagos durchquert. Einen Auftrag König Wilhelms I. von Preußen, Scheich Omar von Bornu Geschenke zu überbringen, gab er an Nachtigal weiter, der die Chance sofort freudig aufgriff. Rohlfs ging lieber in die für ihn unbekannte Libysche Wüste.

So startete Nachtigal am 16. Februar 1869 von Tripolis zu einer fünfjährigen Reise durch die Sahara und den Sudan. Dabei legte er 12.360 Kilometer zu Fuß und auf Kamelen zurück. Diese Reise sollte ihn als ersten Europäer in das völlig unerforschte Tibesti bringen.

Bereits am 27. März 1869 hatte er 920 Kilometer hinter sich gebracht und die Oase Mursuk im südlichen Fezzan in Libyen erreicht.

AUFBRUCH INS TIBESTI

In der heißesten Jahreszeit, am 6. Juni, brach er mit einer Gruppe einheimischer Führer Richtung Süden auf. Bis ins Tibesti lag eine Strecke von fast 1000 Kilometern vor ihnen. Nachtigal wusste, dass auf dem Weg durch die unendliche Weite der Sahara Landstriche zu durchqueren waren, in denen *„diebische, verräterische und gewalttätige Menschen"* lebten. Während des zweimonatigen Marsches waren die Männer mehrmals am Rande des Verdurstens, viele Brunnen entlang der Karawanenroute zum Tschadsee waren ausgetrocknet. In ihrer Verzweiflung und angesichts des Todes verloren die Führer die Orientierung und irrten auf der Suche nach Wasserstellen tagelang

Das erste Morgenlicht bricht durch den Dattelpalmenhain von Bardai.

„Der Tubu lebt mit einer Dattel drei Tage lang. Am ersten isst er die Haut, am zweiten das Fleisch und am dritten den Kern."

herum. Jene Szene, als die Einheimischen buchstäblich in letzter Sekunde Wasser fanden, beschreibt Nachtigal in seinem Buch „Sahara und Sudan" (1879–1889):

„… dann sogen wir uns voll des köstlichsten aller Getränke. Unter anderen Verhältnissen wäre dasselbe schwerlich von vielen angerührt worden, so schmutzig und voll fremder Bestandteile war es. Uns schien es ein Göttertrank und unsere Lippen bebten keineswegs vor den verwesten Materien in ihm zurück."

Von Tümmo bis zum Tibesti musste die Expedition eine wüste Felslandschaft durchqueren, in der sie ständig mit Wassernot, Sonnenglut und Orientierungsproblemen kämpfte. Als Nachtigal das erste Mal die Vulkanberge des Tibesti mit dem weithin sichtbaren Emi Tousside erblickte, war er von der Mächtigkeit des Gebirges tief beeindruckt. Entlang des Westrandes des Gebirges erreichte die Gruppe schließlich die Oase Zouar. Hier begannen tagelange zähe Verhandlungen mit den lokalen Fürsten um die zu entrichtenden Wegzölle.

Nachtigal schreibt: *„… wer nicht allzu fern von uns hauste, kam herbei, unter dem euphimistischen Vorgeben, mich zu begrüßen, in Wahrheit aber um seinen Anteil am Raube zu haben. Wie die Aasgeier umkreisten sie mich, beanspruchten, von mir ernährt zu werden, drohten und bettelten abwechselnd, kurz, machten meine Existenz zu einer unleidlichen."*

Diese Raubrittermentalität hat sich bei den Tubu bis heute unverändert erhalten. Rätselhaft und unverständlich war den Tubu der Zweck der Reise von Nachtigal: *„Bisher war kein Christ in das Land eingedrungen und man wünschte keinen in demselben zu sehen. Wer so viel Geld opfere, so folgerten die Leute, müsse notwendigerweise gewinnsüchtige Pläne verfolgen, denn nur um ihre kahlen Berge und Flusstäler zu sehen, könne keiner dieser Europäer, die so reich und klug und machtvoll sein sollen, töricht genug sein, sich allein in ihr unsicheres Land, zu ihrem gewalttätigen Stamm zu wagen. In der weiteren Forschung nach meinem eigentlichen Zwecke, müssten sie zweifelsohne gestehen, dass es unbegreiflich sei, was man in ihrem hungerleidigen Lande suchen könne. Doch diesen Mangel an Verständnis schoben sie ihren geringen Kenntnissen von der Welt und ihrer niedrigen Kulturstufe zu, fest davon überzeugt, dass die klugen Christen wohl wüssten, welche Schätze selbst das ferne Tibesti berge."*

BERGLAND DES HUNGERS

Nach vielen Schwierigkeiten brachen die Männer schließlich – nach wochenlangen Verhandlungen – in das Innere des „Berglandes des Hungers" auf. Zwei Tage später erreichten sie das Hochplateau am Trou Natron. Von dort zogen sie weiter in das Tal von Gonoa, über dessen Felsgravuren Nachtigal erstmals berichtete. Als die Gruppe am 8. August Bardai erreichte, verlief der Empfang feindselig und bedrohlich. Da Nachtigal inzwischen fast seiner gänzlichen Habseligkeiten und der Geschenke beraubt war, waren die lokalen Herrscher bitter enttäuscht und beratschlagten wochenlang über das Schicksal des Christen, dessen Reisemission ihnen völlig unerklärlich schien. An feindseligen Aktionen mangelte es während dieser Gefangenschaft wahrlich nicht.

„Besonders die heranwachsende Jugend war unerbitterlich. Sie begnügten sich nicht, mir ins Zelt zu speien, oder mit ihrem eklen Tabaksafte nach mir zu zielen und mir

detailliert und anschaulich zu schildern, wie man nach der Entlassung aus Aramis Schutz mir die Lanzen im Leibe herumdrehen, die Eingeweide herausreißen und den Aasgeiern und Hyänen vorwerfen werde, sondern wurden sogar bisweilen handgreiflich, schleuderten ihre Speere gegen das Zelt oder in dasselbe und schienen nur die Gelegenheit einer ernsten Reaktion meinerseits herbeizusehnen, um daraus ein scheinbares Recht zu meiner Vernichtung herleiten zu können.“

Als sich die Bedrohungen weiter verschärften und eine friedliche Abreise nicht mehr möglich schien, ent-

schloss sich Nachtigal mit seinen Begleitern zur Flucht, die sie am 4. September wagten.

Unter unmenschlichen Strapazen, gequält von Hunger und Durst, erreichte Nachtigal mit seinen Begleitern nach viermonatiger Abwesenheit am 8. Oktober Mursuk, völlig erschöpft und nur mehr mit Stofffetzen bekleidet.

Als erster Europäer war er lebend aus dem Tibesti zurückgekommen, während zur gleichen Zeit seine Reisegefährtin Alexandra Tinné im Fezzan von den Tuarik ermordet worden war.

Frauen beim Sammeln von Grassamen. Manchmal trifft man auf Menschen, die mehr als 100 Kilometer zum nächsten Brunnen gehen müssen.

Reisegefährten im Tibesti, von links nach rechts: Heli Traxler, Rudi Schönauer, Franz Aberham, Sepp Friedhuber

Lastwagen aus Libyen versorgen den nördlichen Tschad mit Schmuggelgut. Obenauf sitzen die Reisenden. Tagsüber ist es brennend heiß, während der Nacht ist es bitter kalt.

Kupplungsschaden im Erg de Djourab. Mit primitivsten Werkzeugen wird das Getriebe ausgebaut.

Nun wissen wir, woher der Ausdruck „Sand im Getriebe" stammt!

TIBESTI-REISE 1997

Unsere Tibesti-Reise im Dezember 1998 hält bezüglich der Strapazen auch nicht ansatzweise einem Vergleich mit jener von Gustav Nachtigal stand, doch gemessen an üblichen Reisen unserer Zeit haben wir sie als höchst abenteuerlich empfunden. Denn die Einstellung der Tubu gegenüber Fremden hat sich seit jener Zeit, als der deutsche Arzt und Geograph Gustav Nachtigal 1869 als erster Europäer das Tibesti betrat, kaum geändert.

AUSZÜGE AUS DEM TAGEBUCH VON FRANZ ABERHAM:

21.11.1997 – 5:05 Ankunft in N'Djamena. Kleiner, typischer afrikanischer Flughafen, schmutzig und schwül. Marlene El-Goni von der Agentur Tschad Voyages wartet bereits auf uns. Die City ist unansehnlich. Marlene bringt uns in die Agentur. Zwei Autos mit den Chauffeuren Mohamed und Jussuf stehen bereit. Der rote Landcruiser sieht nicht besonders fit aus. Kilometerstand: 350.000! Die Reifen sind schlecht und es werden neue gesucht. Erst spätabends tauchen die Fahrer auf – zu spät um loszufahren.

22.11.1997 – 5:00 Abfahrt. Ab Massaguet geht es nach Norden. Die Gegend ist typisch für den Sahel, trocken und staubig, wegen der Überweidung gibt es nur mehr spärlich Gras. Bis nach Moussoro passieren wir Dörfer mit ärmlichen Lehmhäuser. Im Wadi Bahr el Ghazal schlagen wir unser erstes Nachtcamp auf. Wie aus dem Nichts tauchen Menschen aus der dunklen Nacht auf und bieten Eier, lebende Hühner und Hirsebrei an. Der Auspuff von Jussufs Wagen hat ein riesiges Loch. Die Nacht ist sternenklar und wir schlafen unter freiem Himmel.

23.11.1997   Den ganzen Tag fahren wir entlang des Bahr el Ghazal, ein Wadi, das noch im letzten Jahrhundert Wasser führte und in den Tschadsee mündete. Heute ist das Wadi fast immer trocken, nur in regenreichen Zeiten füllen sich einige Abschnitte mit Wasser. Jussufs Wagen hat immer wieder Probleme: Filter, Zündung, Anlasser, Batterie. Auf uns wartet eine gefürchtete Strecke aus hohen Sanddünen, der Erg du Djourab. Wie Wellen im Ozean stehen Sandsteintürme in der Ebene. Es ist bereits dunkel, als wir losfahren. Der Sand ist tief. Erstaunlich, wie Mohamed die Richtung findet. Nach etwa zwei Stunden bleiben wir auf einer Sanddüne stehen. Jussuf taucht aus der schwarzen Nacht auf, fährt durch ein Dünental und bleibt plötzlich stehen. Der Motor ist aus; Starterschaden. Nach Stunden ist der Schaden behoben.

24.11.1997   Jussufs Wagen startet nicht. Rundum nur Sand. Keiner weiß, wie wir weiterkommen sollen. Plötzlich taucht aus dem Nichts ein Toyota-Pickup auf. Die Batterien werden gewechselt und Jussufs Wagen läuft wieder. 7:30 Abfahrt. Nach zehn Kilometern ist Jussuf plötzlich verschwunden. Mohamed klettert auf das Dach und hält Ausschau. Nach 15 Minuten kehren wir um. Sechs Kilometer zurück steckt der Wagen im Sand – Kupplungsschaden. Wir helfen alle zusammen, aber es stellt sich heraus, dass es an Werkzeug fehlt. Nicht einmal ein Hammer ist vorhanden. Es ist kurz vor 19:00, es ist bereits dunkel, die neue Kupplung ist eingebaut, wir räumen alles zusammen und fahren weiter. Nach sieben Kilometern ist die Kupplung wieder im Eimer. Wir packen unsere Sachen in das Auto von Mohamed. Der Toyota mit Jussuf bleibt zurück. Jussuf hat genug zu essen und zu trinken. Um 22:00 fahren wir weiter. Eine Stunde später der nächste Schaden: Reifenplatzer. 24:00 Weiterfahrt. Spät nach Mitternacht machen wir Halt. Einen Kilometer entfernt plagen sich überladene Lastautos durch den Sand. Es sind Fahrzeuge, die aus Libyen kommen. Wir liegen im Sand, über uns ein funkelnder Sternenhimmel.

25.11.1997 – 6:00   Abfahrt. Bis Faya sind es noch 130 Kilometer. 9:45 wieder Reifenschaden. Der Wind bläst hart, die Luft ist sandig, unangenehm. Um 12:00 erreichen wir die Oase Faya. Faya bedeutet Lehmhütten in schlechtem Zustand, von Müll bedeckte Gassen und Wege. In drei verschiedenen Büros werden unsere Papiere geprüft und abgestempelt. Ganz ohne „Bakschisch" geht es nicht. Besonders Magazine und Zeitungen sind beliebt. Bei Verwandten von Mohamed können wir im Hof campieren. Nach Tagen die erste Dusche.

26.11.1997 – 10:00   Mohamed kommt mit einer freudigen Nachricht: „Morgen kommt Mr. Maina, der Agenturchef, nach Faya." Ein altes klappriges, russisches Flugzeug fliegt einmal in der Woche nach Faya. Eigentlich ist es nicht ratsam, mit einer tschadischen Fluglinie zu fliegen. Mohamed ist sicher, dass Mr. Maina schnell einen Ersatzwagen für uns finden wird.

27.11.1997 – 11:00   Mr. Maina taucht tatsächlich auf. Zwischen drei und vier Uhr, so verspricht er, ist alles startklar. Es ist schon dunkel, als Mohamed auftaucht. Er stellt Ahmed, den neuen Fahrer, samt Auto vor. Der Wagen, ein Landcruiser, macht einen guten Eindruck, er gehört einem hohen Offizier der Armee.

Am Rand von Faya haben sich jene angesiedelt, die wegen des Wassermangels aus dem Tibesti geflüchtet sind.

Die Behausungen der Nomaden bestehen aus einem Holzgerüst und darüber gespannten Schilfmatten. Sie können in kürzester Zeit auf- und abgebaut werden.

Supermarkt in Zouar. Die Auswahl ist nicht üppig, doch man bekommt das Notwendigste.

Tanken ist eine Angelegenheit für einen halben Tag. Mit dem Mund wird das Benzin über einen Schlauch angesaugt und in einen Zehn-Liter-Kanister umgefüllt. Dieser wird wiederum vom Dach des Autos auf gleiche Weise in den Tank umgeleert.

TIBESTI

Um 20:15 ist endlich Abfahrt. Kurz nach Mitternacht schlagen wir im Schutz hoher Dünen unser Lager auf.

28.11.1997 – 7:45 Abfahrt. Mittags erreichen wir Pond-Point de Gaulle. Hier liegen noch Panzer und scharfe Granaten aus dem libysch-tschadischen Krieg im Sand. Nahe Sherda hohe eindrucksvolle Dünen. Wir wollen unser Nachtlager aufschlagen. Obwohl Ahmed aus dieser Gegend stammt, also ein Mitglied dieses Clans ist, wollen weder er noch Mohamed hier lagern. Es ist zu gefährlich. Die Tubu seien besonders gefürchtete Räuber, meinen sie. Wir umfahren die Dünen in nördlicher Richtung. Nach etwa 25 Kilometern finden wir einen Platz für das Nachtlager. Es ist schon dunkel. Über offenem Feuer wird gekocht. Das Abendessen ist schnell zubereitet. Müde legen wir uns nieder. Über uns ein sagenhaft klarer Nachthimmel. Kein Mond scheint, es ist sehr dunkel. Um 2:00 früh höre ich plötzlich jemand meinen Namen rufen. Im ersten Moment ist mir nicht klar, ob ich träume oder doch schon wach bin. Ich hebe meinen Oberkörper und lausche in die Nacht. Plötzlich höre ich wieder meinen Namen rufen. Tatsächlich, es ist die Stimme von Sepp. Ich rufe in die dunkle Nacht hinein: „Was ist denn nur los, Sepp?" Kurz darauf: „Franz, ich habe die Orientierung verloren, sprich mit mir, damit ich wieder ins Lager zurückfinde." Kurze Zeit später taucht er aus der Dunkelheit auf. Fast hätte Sepp von der Erledigung eines dringenden menschlichen Bedürfnisses nicht mehr zurückgefunden.

29.11.1997 – 7:00 Abfahrt in Richtung Zouar. Die Piste wird steinig. Nun geht es in die Berge. Mittags erreichen wir die Oase Zouar. Unsere Papiere werden geprüft. Der Präfekt ist schon außer Dienst und morgen ist Sonntag, aber mit „Bakschisch" wird er bestimmt unsere Papiere absegnen, teilt uns Mohamed mit. Benzin wird organisiert, und wir können es nicht glauben: Im Markt gibt es sogar Cola. Wenige Datteln liegen auf einem ausgebreiteten Tuch am Boden, Fischkonserven, Milchpulver und Stoffe aus Indien befinden sich in wackeligen Regalen. Der Einkauf dauert Stunden, weil wir für die Leute eine willkommene Abwechslung sind.

30.11.1997   Vor unserer Abfahrt zum Trou du Natron müssen wir noch die Papiere erledigen. Zuerst ein Besuch beim Präfekten, weiters die Suche nach einem Führer, den wir dann endlich auftreiben. Gleich hinter der Oase führt die Piste durch eine grandiose Schlucht. Am Schluchteneingang besteht Minengefahr. Nach 55 Kilometern erreichen wir die Abzweigung zum Trou du Natron. Die Auffahrt zum Krater ist mühsam und steinig und eine Tortur für die Autos. Endlich um 17:30 erreichen wir den Kraterrand. Es ist wesentlich kälter als unten in der Ebene. In einer Mulde schlagen wir erstmals Zelte auf. Einige Männer von der Armee lagern nicht weit weg von uns. Wegen der Kälte verkriechen wir uns bald in die Schlafsäcke.

01.12.1997   Vor dem Frühstück gehen wir an den Rand des Kraters. Beeindruckend ist der Blick in die Tiefe. Langsam kriechen die Schatten aus dem Kraterboden, der zum Teil mit weißem Natronsalz bedeckt ist. In der Mitte erheben sich kleinere Vulkane. Der Blick nach Osten und Süden ist offen. In weiter Ferne ragen die Basaltkegel einstiger Vulkane in das tiefblaue Firmament. Die Soldaten von nebenan kommen in unser Lager und bitten um Zigaretten. Abfahrt in

Richtung Bardai. Die Piste ist um einiges besser als jene von gestern. Langsam geht es bergab. So weit man sehen kann, bedeckt Tuffasche, die aus Vulkanen in die Atmosphäre geschleudert wurde, den Boden. Um 15:00 erreichen wir die Felsgravuren von Gonoa. Dieser Ort liegt in einem Wadi, und die Gravuren stellen hauptsächlich Tiere dar: Elefanten, Giraffen, Antilopen und Rinder.

02.12.1997 – 7:30   Abfahrt. Eine Stunde später treffen wir in Bardai ein. Durch eine mit Dattelpalmen bewachsene Schlucht erreichen wir die Oase. Von hohen Vulkanbergen umgeben und mit Dattelpalmen bewachsen, beeindruckt Bardai den Besucher. Zuerst geht es wie immer zum Präfekten. Hinter dem klapprigen Holztisch wirkt seine Autorität fast lächerlich. Eine Armbanduhr und Medikamente als Geschenke stimmen ihn freundlich. Die Pässe zieht er ein; morgen werden wir sie wieder bekommen. Wir schlagen unser Lager neben einer Lehmhütte auf, in der Soldaten der tschadischen Armee hausen. Es sind wilde Gesellen, die meisten kommen aus dem südlichen Tschad. Hier in Bardai sind sechs französische Soldaten stationiert. Sie laden uns auf ein Bier ein. Nur wenige Europäer verschlägt es hierher in die Einsamkeit des Tibesti. Bei einem Bier auf der Veranda, wo man einen herrlichen Blick über die Oase genießt, erzählt einer der Männer über seine lebensgefährliche Arbeit beim Minensuchdienst. Tausende Minen liegen noch immer in der unmittelbaren Umgebung der Oase. Fast unglaublich klingt es, dass die Tubu rund um ihre Hütten scharfe Minen als Schutz gegen räuberische Nachbarn im Sand vergraben. Ein Beweis, wie wenig Vertrauen selbst zwischen den Tubu herrscht. Am Nachmittag

Die Militärstation von Wour ist ein Strafposten am Ende der Welt.

besuchen wir die bemalten Felsen, wenige Kilometer von Bardai entfernt. Sie sind das fragwürdige Werk eines Aktionskünstlers aus Frankreich. Der Tschad ist eines der ärmsten Länder der Welt. Die Schulkinder haben kein Schreibmaterial, medizinische Versorgung gibt es nicht. Diese Tatsachen berechtigen zur Frage, ob es in einem so armen Land wie dem Tschad nicht blanker Zynismus ist, um viele Millionen ein so genanntes Kunstwerk zu errichten, während es der Bevölkerung am Notwendigsten fehlt. Vor wenigen Wochen wurden hier im Tal der bunten Felsen deutsche Touristen von Tubu überfallen. Ihnen wurden Geld, Kameras, Uhren und Schmuck abgenommen. Angeblich haben sie sich geweigert, einen Tubu-Führer zu bezahlen.

Nachtlager in einem ausgetrockneten Wadi. Draußen in der Wüste fühlten wir uns sicherer als in den bewohnten Oasen. Die Nächte unter dem Sternenhimmel der Sahara sind unvergessliche Erlebnisse.

03.12.1997 Nach einer langen Verhandlung über den Preis werden die Benzintanks aufgefüllt. Um 10:00 verlassen wir die Oase Bardai in Richtung Osten. Zwischen Felsinseln führt uns die Piste weiter nach Soumri. Hier sind die Tubu freundlich. In einem dunklen Raum werden unsere Papiere geprüft und mit humoristischem Getue abgestempelt. In den Oasen werden wir immer wieder um Medizin gefragt. Meist wollen die Leute etwas gegen Magenbeschwerden und Kopfschmerzen. Die Piste ist steinig, führt durch Wadis und über steile Bergrücken. Nachmittags erreichen wir die Quelle Torotaram. Sie liegt rechts von der Piste am Ende eines kleinen Tales. Das Wasser ist ausgezeichnet und kühl. Mohamed flickt einen Platten, während wir die Gegend erkunden. Ein Tubu mit drei Kamelen kommt vorbei. Wenn sich Tubu treffen, wird die Begrüßung zu einem längeren Zeremoniell. Es wird gefragt, wie es der Familie, den

Noch vor Anbruch des Tages kocht Ahmed Tee. Die Menschen der Wüste haben gelernt, mit einem Minimum an Brennmaterial zu kochen.

Die bunten Steine von Bardai – das mehr als fragwürdige Werk eines französischen Künstlers im Bergland des Hungers.

Kamelen, Schafen geht. „Gott sei mit dir" und „Allah ist groß" wird zwischendurch eingefügt. Weiters erkundigen sie sich über den Zustand der Route, über andere Nomaden, die man getroffen hat, und über eventuelle Gefahren durch Banditen und Wegelagerer. Wegen der Minen im Wadi müssen wir exakt den vorhandenen Fahrspuren folgen. Ein älterer Tubu-Guide begleitet uns. Stockdunkel ist es, als wir hinter steinigen Hügeln die Geländewagen anhalten und unser Nachtlager aufschlagen. Die Oase Yebbi Souma ist nicht mehr weit entfernt. Unsere Fahrer achten sehr darauf, dass wir nie in der Nähe der Piste lagern. Man merkt, dass sie Angst vor Banditen haben.

04.12.1997   Der Morgen ist noch jung, als wir in Richtung Yebbi Bou aufbrechen. Nach wenigen Kilometern führt die Piste entlang eines Wadis, in dem einige einsame Hütten stehen. Plötzlich taucht ein Mann mit einem Mädchen an der Hand auf und bittet Mohamed, ob wir das Mädel mitnehmen könnten. Das Mädchen ist nicht älter als 13 Jahre alt und außerordentlich hübsch. Obwohl sie noch so jung ist, wird sie bald heiraten. Da die Tubu Moslems sind, können sie mehrere Frauen ehelichen. Älteren Männern nehmen sich oft junge Frauen. Der Altersunterschied beträgt nicht selten 30 bis 40 Jahre. Bei den Tubu sind Männer zwischen 40 und 50 Jahren begehrte Ehemänner. Sie sind erfahrener und sorgen sich meist mehr um die Frau als Jüngere. Der Brautpreis beträgt zwischen 1000 und 2000 Euro, für einen Tubu sehr viel Geld. Eine Scheidung ist in der Regel schnell vollzogen. Wie in den meisten islamischen Gesellschaften spricht der Mann dreimal die Worte „ich verstoße dich" – damit ist die Ehe annulliert. Das Brautgeld

wird von der Familie aufbewahrt und dient für den Fall einer Scheidung als finanzielle Rücklage. Yebbi Bou liegt auf einem steinigen Plateau. Der Empfang ist wie immer turbulent und chaotisch. Armeeangehörige, meistens Männer aus dem südlichen Tschad, betteln um Medizin, Zeitschriften und Kugelschreiber. Es dauert lange, bis unsere Papiere gestempelt sind. Wir fahren noch zwei Stunden bis zu den Tubu-Flats, einer sagenhaft schönen Landschaft aus Sandebenen und Sandsteinbergen. Mohamed meint, dass hier in den Sandebenen viele Gazellen vorkommen. Mit Zurückhaltung schildert er, wie der moderne Tubu Gazellen jagt. Spät am Nachmittag besteigen wir einen Berg: grandioser Blick zum zerklüfteten Kraterrand des Tarso Voon mit einem herrlichen Sonnenuntergang. Als Abendessen zaubert Sepp schmackhafte Makkaroni aus den Töpfen. Hinterher – wie immer – genehmigen wir uns spanischen Wein. Die Nacht ist sternenklar und der Mond ist zunehmend.

05.12.1997   Weiches Licht liegt über der wüsten Gebirgslandschaft. Die Piste wird immer steiniger. Langsam holpern wir über vulkanisches Gestein und nähern uns einer Passhöhe. Wieder ein platter Reifen. Mohamed erzählt, dass diese Piste erst seit wenigen Monaten befahrbar ist. Nach einigen Kilometern erreichen wir den Pass. Zwischen vulkanischen Bergruinen führt der Weg nun bergab, Zurück gibt es keines mehr! Plötzlich eröffnet sich für uns ein Blick in eine Bergwelt von außergewöhnlicher Dimension. Im blauen Dunst des fortgeschrittenen Tages zieht sich ein Gebirgszug nach dem anderen bis zum Horizont. Zwischen den Bergen liegen weitläufige Sandebenen. Kein Laut ist zu hören, nur der Wind weht. Raue Schönheit

Lagerplatz inmitten der Trommelberge am Ostrand des Tibesti.

Felsgravuren im Tal von Gonoa. Der Elefant gibt Zeugnis davon, dass es im Tibesti einst üppiges Leben gab.

Die Erosionsformen des Tibesti sind ein Werk des Passatwindes, der wie ein Sandstrahlgebläse wirkt.

Gazellenjagd mit dem Auto, eine Jagdmethode, auf die wir keinen Einfluss hatten.

und beängstigende Einsamkeit führen mir meine bedeutungslose Existenz vor Augen. Mohamed erzählt, dass vor wenigen Tagen rebellierende Soldaten von Faya in die Berge geflüchtet seien. Sie hätten Waffen, Minen und Geländeautos bei sich. Wahrscheinlich halten sich diese äußerst gefährlichen Männer hier in der Nähe auf. Sie brauchen Nahrung, Wasser und Geld, um in den Bergen zu überleben und um den Kampf gegen die Regierung aufnehmen zu können. Sollten wir in ihre Hände fallen, müssen wir damit rechnen, dass wir ausgeraubt werden. Keine gute Nachricht. Wir fahren hinunter in die Sandebene und schlagen das Lager auf. Die Landschaft ist sagenhaft. Eine Sandebene, in der die Trommelberge wie Pilze stehen, ist so außerirdisch schön, dass wir ohne Zögern beschließen, trotz der angeblichen Banditen die kommende Nacht hier zu lagern.

06.12.1997 Ein herrlicher Morgen. 7:00 Abfahrt. Wir fahren durch eine bizarre Welt aus Sand und Stein. Ein mit einer Kalaschnikow bewaffneter Tubu mit einem Kamel kommt uns entgegen. Mohamed wechselt ein paar Worte mit ihm. Später erzählt er uns, dass dieser Tubu in der Nähe unseres letzten Nachtlagers mit seiner Familie lebt und Gazellen jagt. Langsam lassen wir die Berge hinter uns und erreichen große Sandflächen, die immer wieder von niedrigen Steinrücken unterbrochen sind. Rechts von uns, im Süden, erhebt sich der höchste Vulkan des Tibesti, der Emi Koussi. Mit 3415 Metern ist er der höchste Berg in der Sahara. In seinem Krater leben während des ganzen Jahres Tubu mit ihren Rindern, Schafen und Ziegen. Mohameds Fahrzeug hat schon wieder einen Platten, es ist bereits der achte. Der Sand ist tief, und wir graben uns einige Male bis zur Bodenplatte ein. Kurz nach 14:00 erreichen wir die Oase Gouro. Sie liegt herrlich in einer riesigen Senke. Zwischen den Sanddünen wachsen Dattelpalmen, und die Lehmhütten scheinen von den Dünen verschluckt zu werden. Wie immer führt uns der erste Weg zu den Behörden. In einer dunklen Lehmhütte, nur wenig Licht dringt ins Innere, sitzen wir den Militärs gegenüber. Anwesend sind fünf Tubu, von denen einer das Wort führt. Unsere Papiere werden geprüft und unbearbeitet auf die Seite gelegt. Arrogant und herablassend sitzt der Kommandant auf einem klapprigen Stuhl und fuchtelt mit einem englischen Offiziersstock in der Luft herum. Nach langen Verhandlungen verlangen sie eine Führertaxe von 200.000 CFA, das sind 305 Euro. Wir lehnen diese enorme Summe, die für nur 80 Kilometer bezahlt werden soll, ab. Nach zwei Stunden gibt es immer noch kein für beide Seiten befriedigendes Resultat. Die Verhandlung wird immer lauter und aggressiver. Inzwischen haben die Tubu den Preis mit 70.000 CFA festgelegt. Wir sind mit der Höhe des Preises immer noch nicht einverstanden und bieten 40.000 CFA und keinen Cent mehr. Plötzlich werden die Tubu deutlich; sie geben uns zu verstehen, falls wir die Oase ohne zu bezahlen verlassen, „werden wir schon sehen was passiert". Ein Kleinlaster mit einer Gruppe von Männern verlässt die Oase. Irgendwann sind die uniformierten Banditen mit 40.000 CFA zufrieden. Bis Ounianga Kebir müssen wir einen schmächtigen Tubu als Führer mitnehmen. Es ist schon dunkel, als wir Gouro verlassen. Am Rande der Oase bei einer Quelle füllen wir die Wassertanks auf. Eifrig helfen uns Männer, die offensichtlich nicht aus

dieser Gegend stammen. Sie sprechen Englisch und erzählen, dass sie hier in Gouro von Lastkraftwagenfahrern, die sie für eine Mitfahrt nach Libyen bezahlt haben, hinausgeworfen wurden. Sie kommen aus Ghana, Mauretanien und Nigeria und sehen heruntergekommen aus. Wir geben ihnen zu essen und etwas Kleingeld. Sie möchten in Libyen arbeiten und dann weiter nach Europa. In ihren Heimatländern wurden sie politisch verfolgt, und im Falle einer Rückkehr würde das für einige den Tod bedeuten. Nachdem alle Wassertanks voll sind, verlassen wir erleichtert die Oase. Wir wollen noch einige Kilometer fahren und dann unser Nachtlager aufschlagen. Doch nach wenigen Kilometern sehen wir im Licht des Scheinwerfers eine Gruppe von etwa zehn Männern, die uns mit erhobenen Armen stoppen. Ein Geländewagen steht neben der Piste, es sieht nach einer Panne aus. Mohamed hält an, obwohl wir ihm sagen, er solle weiterfahren. Wir fühlen, dass hier irgendetwas nicht stimmt. Einer der Männer, er ist angeblich ein Offizier in der

Dorcasgazellen sind an das Leben in extremen Trockengebieten angepasst. Ihren Flüssigkeitsbedarf decken sie über die pflanzliche Nahrung. Am Morgen lecken sie den Tau von den Blättern.

Die Wüste ist nur dem Freund, der das rechte Maß gefunden hat.

Armee, bittet uns ihm zu helfen. Er müsste in die Oase zurück, um ein Ersatzteil zu holen. Wir sind uns nicht sicher, was hier läuft. Die Kerle benehmen sich eigenartig. Nach längerem Hin und Her beschließen wir, den Offizier zurück in die Oase zu bringen. Kaum ist das Motorengeräusch von Ahmeds Wagen in der Weite der Wüste verstummt, verschwinden die zurückgebliebenen Männer in der Dunkelheit der Nacht. Plötzlich sind wir alleine und hören kurz darauf das Starten eines Fahrzeuges, das sich mit heulendem Motor entfernt. Sind wir hier von den Gouro-Tubu abgefangen worden, weil sie prüfen wollten, ob wir die geforderte Taxe bezahlt haben und von einem Guide begleitet werden? Die Fahrt zurück in die Oase, um ein Bestandteil zu holen, war offensichtlich ein Vorwand. Ohne Führer hätten sie uns sicher zur Kassa gebeten. Dem Argument Kalaschnikow hätten wir nichts entgegenhalten können. Um vom Ort des Überfalles weiter wegzukommen, fahren wir nach der Rückkehr unseres Wagens noch mehr als 20 Kilometer. In einer Bodensenke, wo wir vor den kalten Nachtwinden geschützt sind, schlagen wir das Lager auf. Es ist spät, als wir in die warmen Schlafsäcke kriechen. Über der Wüste wölbt sich wieder ein klarer Sternenhimmel. Langsam beruhigen sich unsere Nerven und wir schlafen ein. Das Abenteuer Tibesti liegt hinter uns.

Die Trommelberge bilden die östliche Grenze des Tibesti. Die Piste von Yebbi Bou nach Osten ist extrem schwierig und einsam. An vielen Stellen ist ein Zurück unmöglich.

SAHARA

KLAUS GIESSNER

Der größt Teil der Sahara ist Stein- und Geröllwüste. Altbasaltische Trappdecke im Hoggar, Tafedje, Algerien.

Das Problem der klimatischen Schwankungen und des Landschaftswandels in der Sahara gehört zu jenen naturwissenschaftlichen Kernfragen, die die Phantasie fast aller Wüstenforscher seit langem intensiv anregen und beschäftigen.

„Einmal Wüste, immer Wüste" oder „oszillierender Wandel zwischen Weide und Wüste" oder „vom grünen Garten Eden zur extremsten Wüste der Erde" – dies sind, vereinfacht ausgedrückt, die drei zentralen Themenkreise, auf die sich die multidisziplinäre Saharaforschung seit Generationen konzentriert.

Die Forschungsbeiträge zur Lösung dieser zentralen „Wüstenproblematik" kommen aus fast allen Bereichen der Geowissenschaften. Federführend ist dabei die Geomorphologie. Aus der Analyse der Reliefgeschichte und der klimamorphologischen Leitformen und Leitprozesse ist sie, wie keine andere Geowissenschaft, in der Lage, das Bild eines klimatisch verursachten und sich geoökologisch auswirkenden Landschaftswandels in der Wüste nachzuzeichnen. Als Referenzbasis zur Bewertung dieser klimatischen Schwankungen können natürlich nur das aktuelle Saharaklima und das Sahararelief, in dem sich diese Schwankungen nachweisen lassen, herangezogen werden.

DIE SAHARA – EINE EXTREME PASSAT-WENDEKREISWÜSTE

Im globalen Vergleich mit allen anderen Wüsten der Erde fallen nicht nur die riesigen kontinentalen Dimensionen des Sahararaumes („Wüstenkontinent"), sondern auch seine extrem hohe Trockenheit auf. Dieser Aridiätsgrad ist das klimaökologische Ergebnis aus dem Zusammenspiel von sehr niedrigen Regenhöhen, sehr hohen Temperaturen und einer sehr hohen Verdunstungskraft.

Die Sahara ist die einzige Wüste der Erde mit einem großen, zusammenhängenden hyperariden Trockengebiet (Gießner, 1989, S. 21). Gerade diese klimatische Sonderstellung als „hyperaride Kernwüste" erschwert uns die Vorstellung einer feuchteren und grüneren Sahara in der Vorzeit.

Die klimazonale Einordnung der Sahara in den großen altweltlichen Trockengürtel, der sich breiten-
kreisparallel entlang des nördlichen Wendekreises
vom Atlantik bis zum Indischen Ozean erstreckt,
macht klar, dass sie zum Typ der klimatisch-passati-
schen Wendekreiswüsten gehört. Ihre extreme Tro-

ckenheit kann daher nur mit Hilfe des luftmassen-
dynamischen Passat-Zirkulationsmodells erklärt werden. Entscheidend dabei ist, dass der Kernraum der
Sahara ganzjährig in den klimatischen Einzugsbereich
des subtropisch-randtropischen Hochdruckgebietes
und der trockenen Passatströmung fällt. Nur in den

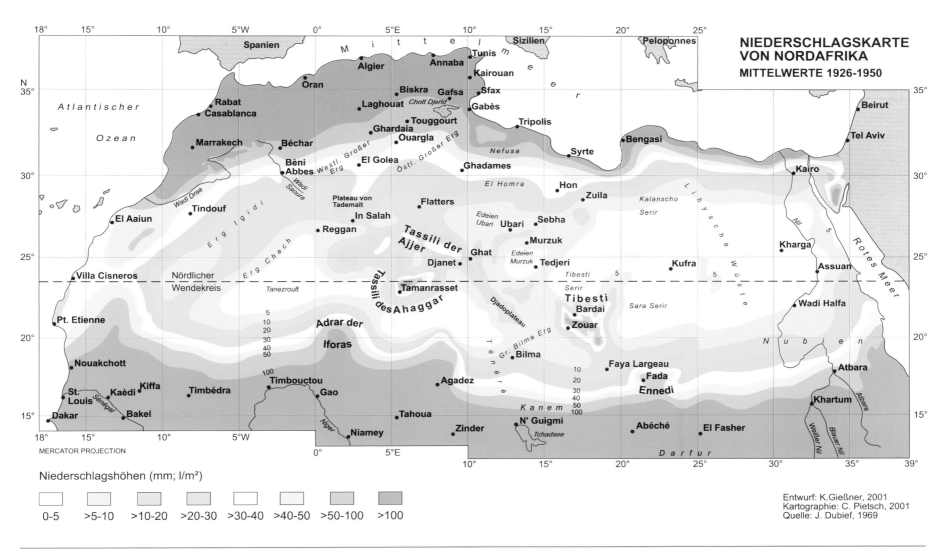

NIEDERSCHLAGSKARTE VON NORDAFRIKA
MITTELWERTE 1926-1950

Niederschlagshöhen (mm; l/m²)

0-5   >5-10   >10-20   >20-30   >30-40   >40-50   >50-100   >100

Entwurf: K.Gießner, 2001
Kartographie: C. Pietsch, 2001
Quelle: J. Dubief, 1969

nördlichen und südlichen Randzonen können sich saisonal die Ausläufer zweier wetterwirksamer Frontensysteme mit jahreszeitlich wechselnden Niederschlägen auswirken. Im Winterhalbjahr bekommt der nördliche Rand der Sahara subtropisch-mediterrane Winterregen, im Sommerhalbjahr dagegen fallen am südlichen Rand randtropisch-monsunale Sommerregen. Diese jahreszeitlich und genetisch unterschiedlichen Niederschlagsregime spielten auch bei den Klimaschwankungen in der Vergangenheit eine entscheidende Rolle ("Nordpluvial" und "Südpluvial"). Feucht- und Trockenphasen der Zentralsahara und der Randgebiete verliefen räumlich und zeitlich parallel. Im Zuge des Klimawandels war jedoch nicht die Niederschlagsverteilung, sondern die Niederschlagsmenge entscheidend.

NICHT NUR EINE SANDWÜSTE

Noch Mitte des 19. Jahrhunderts glaubte Alexander von Humboldt, dass die Sahara ausschließlich aus riesigen Sanddünenflächen bestünde, die sich als ein geschlossener Dünengürtel vom Atlantik bis nach Indien hinein erstrecken. Die Sanddüne wurde zur morphologischen Leitform des saharischen Wüstenreliefs, der Wind zum wichtigsten und einzigen Formgestalter der Landschaft hochstilisiert. Seitdem prägen die großen Sanddünen das weit verbreitete Klischee der "Bilderbuchwüste" Sahara.

Die Vorstellung von der Sahara als einer einzigen großen Dünenlandschaft entspricht natürlich nicht der Realität. Der saharische Formenschatz wird zwar ganz wesentlich vom Wind mitgestaltet und auch die Dünenbildungsphasen spielen für die Rekonstruktion des Klimawandels eine ganz entscheidende Rolle. Aber nur zirka 20 bis 22 Prozent der gesamten Fläche der Sahara werden von Sand überdeckt und gar nur acht bis zehn Prozent sind Dünengebiete. 99 Prozent des gesamten Saharasandes sind, wie in allen Wüstenregionen der Erde, in wenigen großen Dünendepressionen, den "Sandseen", "Ergs" und "Edeien", konzentriert.

Die überregionale Verteilung der großen Dünen und Dünensandmuster zeigt eine enge Abhängigkeit von der Passatströmung. Die sandarmen Gebiete liegen fast immer im direkten Passatlee von Gebirgen, während die großen Sandanhäufungen an die vorherrschenden Nordost-Südwest-Strömungen des Passates gebunden sind. Im direkten Strömungsfeld des Passates sind in der Regel bogenförmige, häufig senkrecht zur Hauptwindrichtung verlaufende Dünensandmuster zu beobachten. Sie werden als Beweis für einen großräumigen Sandtransport durch den Passat von Nordägypten bis an die westsaharische Atlantikküste interpretiert (Busche, 1998, S. 169).

Die morphologisch nachweisbare Windformung in der Sahara beschränkt sich nicht nur auf das Relief der Dünen. Wesentlich großflächiger und paläoklimatisch aussagekräftiger als die Dünenlandschaften sind die Wind-, Erosions- und Ausblasungsreliefs zu bewerten. Mit ihrer schleifenden und ausblasenden Wirkung haben die Nordost-Passatwinde, aber auch die sommerlichen Südwest-Monsunwinde über lange Zeiträume hinweg alle Reliefformen unterhalb des

Seite 146:
Nur zirka zehn Prozent der Sahara sind Dünenlandschaften. Sie entsprechen der üblichen Klischeevorstellung von Wüste (Mandara, Libyen).

Geologisch-morphologisches Nord-Süd-Profil durch die Sahara: Atlas-Hoggar-Air - eine morphologische Catena

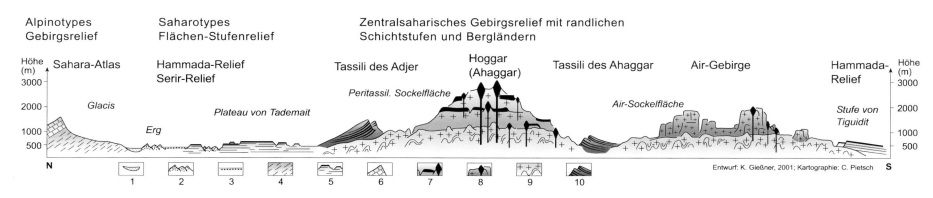

1 Holozäne Salztonsedimente der Chott-Region mit Salzkrusten und Salzseen
2 Quartäre Dünensande der Erg-Region mit Dünenkomplexen
3 Quartäre Lockersedimentdecken der Serir-Reg-Region mit alluvialer Schluff-Sand-Feinschutt-
   bedeckung
4 Tertiäre Kalk-Mergel-Sedimentgesteine der Atlas-Vorzone mit Fußflächen (Glacis)
5 Kretazische Kalk-Sedimentgesteine der Hammada-Region mit Schuttdecken

6 Kretazische und jurassische Kalk-Sedimentgesteine der Atlas-Region mit Steilabfällen
7 Präkambrisches Kristallingestein der zentralsaharischen Gebirgsmassive mit tertiären und quartären Vulkaniten
8 Paläozoische und jüngere Granit-Intrusionen des Air-Gebirges, z.T. mit Vulkaniten
9 Präkambrische und paläozoische Basementgesteine des saharischen Sockels mit Inselbergen und
   Sandschwemmebenen
10 Paläozoische Sedimentgesteine (Sandsteine) der Tassili-Region mit Schichtstufen und Plateauresten

Wüstenschluchtenreliefs der Gebirgs- und Schichtstufenregionen (Hoggar, Tibesti, Air, Tassili) äolisch überformt. Die Formenvielfalt des äolischen Abtragungsreliefs ist außerordentlich groß und reicht von Mikroformen (Windkanter, patinierte und polierte Gesteinsoberflächen, Windstiche usw.) über Mesoformen (Windschlifframpen, Sandschliffgassen, Pilzfelsen usw.) bis zu Makroformen (Ausblasungswannen usw.). Summiert man das Windaufschüttungs- und das Windabtragungsrelief flächenhaft, dann stellt man trotz der vergleichsweise geringen Ausdehnung des eigentlichen Dünenreliefs überrascht fest, dass fast neun Zehntel des Saharareliefs vom Wind ge- und überformt werden. Was die paläoklimatische Aussagekraft des saharischen Windreliefs betrifft, so sind sich alle Geomorphologen darin einig, dass die windbe-

dingte Reliefbildung und -formung im Quartär stets in ausgeprägten Trockenphasen abgelaufen sein muss. Für die Entstehung der Riesendünen vom „Draa"-Typ und für die Bildung von Sandschliffgroßformen („Korrasions"-Relief) muss man sogar viel trockenere Bedingungen und höhere Passat-Windgeschwindigkeiten als heute annehmen.

Im Quartär, während der Kaltzeiten, herrschte ein viel größeres Temperatur- und damit auch ein ausgeprägteres Druckgefälle zwischen Pol und Äquator. Die extreme Winddynamik in diesen sehr trockenen Phasen des Quartärs führte dazu, dass sich die Dünenbildung noch 700 bis 800 Kilometer südlich des heutigen Sahararandes bis in die jetzige Trockensavanne (mit aktuell 1000 Millimeter Jahresniederschlag!) hinein ausgedehnt hat.

Müssen also die morphologischen Belege für die Trockenphasen des saharischen Klimawandels vornehmlich im Windrelief gesucht werden, so sind die Beweise für Feuchtphasen in den übrigen Relieformenkomplexen der morphologischen Wüstencatena zu finden. Dabei spielen die saharischen Hochgebirge Hoggar, Tibesti und Air als besonders „empfindsame Klimabarometer" eine besondere Rolle.

Sie stellten, genauso wie heute, im Laufe des gesamten Quartärs feuchtere und kühlere Höheninseln dar und besaßen als solche auch eine dominante hydrologische Steuerungsfunktion für die großen Abflusssysteme bis weit in das Gebirgsvorland hinein. Die großen saharischen Talsysteme, die „Wadis", „Enneris" und „Koris", wurden bereits am Ende des Tertiärs unter feuchteren Bedingungen als heute als große, entwässernde Abflusssysteme in den Gebirgen angelegt. Im Süden mündeten sie in die Vorläuferseen des heutigen Tschadsees (Paläo-Tschad) oder in den Paläo-Niger, im Norden in die Seen der Nordsahara, manche erreichten sogar das Mittelmeer. Auch in dem flächenmäßig vorherrschenden, heute hochariden und trostlos erscheinenden innersaharischen Flächen-Stufenrelief („Hammada" und „Serir"), lassen sich aussagekräftige Dokumente für ausgeprägte Feuchtphasen im Quartär finden. Dies sind Hangrutschungen, limnische Sedimente von einstigen Seen und Sümpfen, prähistorische Siedlungen und Artefakte.

Durch Klimaeinflüsse angelegt und ausgeformt ist dieses weit gespannte, saharatype Flächen-Stufenrelief heute dominant. Es entstand als ein tropisches Rumpfflächensystem unter den wechselfeucht-randtropischen Klimabedingungen des mittleren Tertiärs. Damit wird klar,

Das Sandstrahlgebläse des Nordostpassats fräst bizarre Formen aus dem Sandstein: Pilzfelsen aus dem Air, Niger. Windgasse in Ounianga Kebir.

149

dass das flächenmäßig dominante saharische Großrelief größtenteils aus feuchteren Vorzeiten vererbt und nicht unter den heutigen ariden Klimabedingungen entstanden ist.

Die so lebensfeindliche hocharide Sahara wurde in der frühholozänen und neolithischen Feuchtzeit das Ziel der ersten großen Völkerwanderung in der Menschheitsgeschichte und zu einem durchaus „attraktiven" Lebens- und Wirtschaftsraum für die Menschen der Steinzeit. Die Konzentration der prähistorischen Felsgravuren und Felsmalereien auf die Gebirgs- und Tassili-Regionen belegt ebenfalls zweifelsfrei, dass die vorzeitlichen, vor allem spätpleistozänen und holozänen Umweltbedingungen in diesen Höheninseln der zentralen Sahara wesentlich lebensfreundlicher waren als heute.

Vor dem Hintergrund dieser günstigen klimatisch-ökologischen Situation und der Einwanderungswelle der prähistorischen Kulturvölker vollzog sich der wohl tief greifendste Wandel in der langen Entwicklungsgeschichte des Naturraumes „Sahara": In der frühholozänen und jungholozänen „neolithischen Kulturrevolution" erfolgte der entscheidende Übergang von der Stufe des Sammlers, Wildbeuters und Jägers zur Stufe des nomadisierenden Viehzüchters und des sesshaften Ackerbauern.

Kein Geringerer als Immanuel Kant hat diese neolithische Kulturrevolution als den wohl größten Sprung in der kulturhistorischen Menschheitsgeschichte bezeichnet. Allein die neolithische Hochkultur hat uns in den Tassili-Bergländern weit über 10.000 hervorragend erhaltene Felsgravuren und Felsmalereien mit Tier- und Menschendarstellungen

hinterlassen. Diese Felsbilder sind ein einzigartiger „Louvre der Steinzeit", ein viel bestauntes Zeugnis eines verlorenen, heute ausgetrockneten Paradieses der frühen Menschheitsgeschichte.

Der letzte, im Holozän erfolgte Schritt vom „grünen Garten Eden zur extremsten Wüste der Erde" war vergleichsweise nur ein kurzer, wenn auch kulturhistorisch entscheidender Meilenstein in der langen Entwicklungsgeschichte der „Sahara im Wandel der Zeit". Der abschließend modellhaft skizzierte Klimawandel der Sahara belegt dies.

Seite 150:
Sandstein-Portal, Akakus, Libyen.

Reibschalen sind Zeugen einer einstmals fruchtbaren Sahara.

SAHARASTAUB, DÜNGER FÜR AMAZONIEN

Die bodennahe flache Passatströmung in der Sahara transportiert Quarzitsandkörner bis zu einem bestimmten, von Windgeschwindigkeit und Turbulenz abhängigen Korndurchmesser nur bis zu einer Höhe von 1,5 bis 2,0 Meter über dem Sandbodenniveau („Sandwehen" und „Rippelmarkenbildung"). Kleinere Partikel (Staub) werden über dieser „Sandtransportzone" ab zwei Meter Höhe verfrachtet („Staubtransportzone").

Solche Staubwinde mit hohem Staubgehalt sind in der Sahara sehr häufig. Bleiben sie in der Höhe unterhalb der Passatinversion, dann können sie die Sichtweiten sehr stark herabsetzen und zu einer ausgeprägten Dunstschicht führen („Trockennebel", „Harmattan"). Der Staub fällt

Durch die Passatwinde werden jährlich 20 Millionen Tonnen Staub aus der Sahara über den Atlantik transportiert. Die Mineralstoffe düngen die Regenwälder Amazoniens.

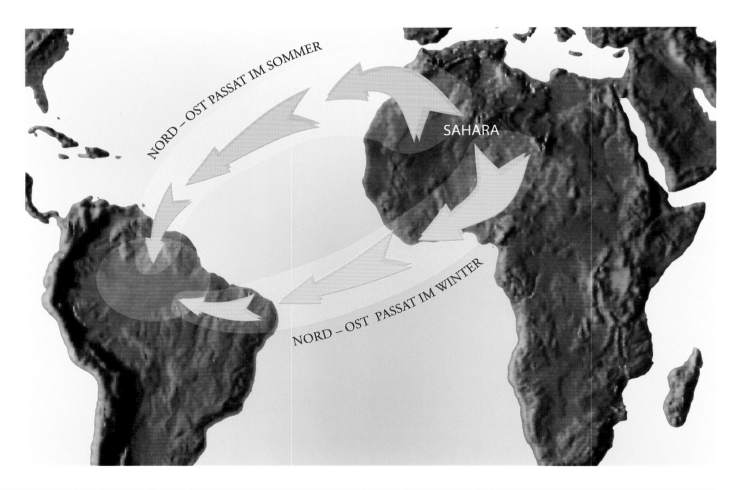

dann in der Regel nach einer gewissen Transportstrecke wieder (häufig am Südrand der Sahara) aus. In der Sahelzone werden zwischen 100 bis 200 Tonnen Saharastaub pro Quadratkilometer und Jahr abgelagert.

Während starker Sandsturmereignisse wird der Saharastaub bis an die Obergrenze der Troposphäre hochgetragen und in der starken Höhenströmung des „Jetstreams" bis in das Mittelmeergebiet, nach Europa, zum Teil sogar über den Atlantik bis in die Regenwälder Südamerikas transportiert und dort abgelagert. In Europa ist dieses Phänomen als „roter Regen oder Blutregen", über dem Atlantik als „dark Sea" seit langem bekannt.

Man kalkuliert, dass jährlich zirka 60 bis 200 Millionen Tonnen Saharastaub, das sind ungefähr 50 Prozent der gesamten Staubmenge in der Troposphäre, auf diese Weise einen Ferntransport durchlaufen. Ein Teil dieses Saharastaubes wird über dem Atlantik und seinen Küsten abgelagert. Einige Millionen Tonnen schaffen den Weg über den Atlantik, wo sie mit dem Regen über den nährstoffarmen Böden des Amazonas niedergehen. Da mit dem Saharastaub auch beträchtliche Mengen an mineralischen Nährstoffen transportiert und abgelagert werden, wirkt er wie „niedergehender Dünger". Durch den erhöhten Düngereintrag können einerseits die Korallenriffe in der Karibik geschädigt werden, andererseits sind eine erhöhte biologische Produktion und eine größere Artenvielfalt in Amazonien die positive Konsequenz.

So sorgt das einstige Quellgebiet des Amazonas für die üppige Fruchtbarkeit des jetzigen. Amazonas und Sahara, zwei der extremsten Lebensräume, haben sich ihre gegenseitige Abhängigkeit über Jahrmillionen bis zum heutigen Tag bewahrt.

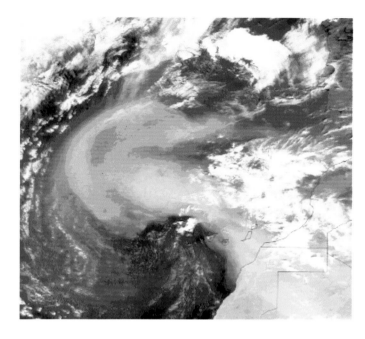

Staubtransport aus der Sahara über dem Atlantik (Satellitenaufnahme Februar 2000).

Saharastaub in Amazonien/Karibik (Satellitenaufnahme Mai 1999).

Doppelseite 154/155:
Dünenlandschaft bei Demi, Tschad.

Doppelseite 158/159:
Karstböden und Kreidefelsen in der weißen Wüste, Ägypten.

Landschafts- und Klimawandel im Überblick

Aus zahlreichen Geländebefunden der geowissenschaftlichen Saharaforschung in den letzten 40 Jahren lässt sich im Überblick und modellhaft ein Bild des Klima- und Landschaftswandels der Sahara entwerfen, das zwar im Einzelnen noch sehr lückenhaft und spekulativ bleiben muss, in seinen grundsätzlichen Aussagen und Trends jedoch ausreichend dokumentiert ist.

Ende des Mesozoikums
vor 200 bis 65 Millionen Jahren

Plattentektonischer Zerfall des „ariden" Südkontinentes Gondwana. Die Wurzeln der Kontinentalität und Aridität der Sahara gehen bis in das Ende des Mesozoikums zurück. Noch in der Trias (vor 251 bis 208 Millionen Jahren) bedingen die zusammenhängenden Landmassen des alten Südkontinents Gondwana (Afrika, Südamerika, Antarktika und Australia) eine ausgeprägte Kontinentalität und Aridität.

Mittleres Tertiär
Eozän bis Oligozän
vor 65 bis 23,8 Millionen Jahren

Unter feuchttropischen bis wechselfeucht-tropischen Klimabedingungen herrschen eine intensive Tiefenverwitterung und Bleichung der kristallinen Basementgesteine vor. Das Flächenrelief der Sahara wird als tropische Rumpffläche angelegt. In der weiteren Entwicklung kommt es zur Ausbildung von Eisenkrusten an der Oberfläche („eozänes Laterit-Event").

Jüngeres Tertiär
Miozän bis Pliozän
vor 23,8 bis 2,3 Millionen Jahren

Für die Entwicklung der Sahara ist die jungtertiäre Reliefgeschichte eine ganz entscheidende Phase. Mit der tektonischen Heraushebung der Saharaschilde und deren vulkanischer Basaltüberprägung sowie der damit verbundenen Anlage und großräumigen Ausrichtung eines Gewässernetzes bilden sich die Grundzüge der großen landschaftsbestimmenden Reliefkomplexe und die morphologische Catena heraus. Das Klima ist zunächst im Miozän randtropisch-wechselfeucht. Die Vegetationsdecke entspricht der einer Feucht- bis Trockensavanne.

Im Pliozän wird das Klima generell etwas trockener, die randtropisch semi-aride Landschaftsentwicklung (mit Trockensavannen) herrscht vor. Morphologisch bilden sich jetzt das Inselbergrelief, das Schichtstufenrelief, das Flächen-Stufenrelief und im Gebirgsvorland die Fußflächen heraus. Die Täler schneiden sich kastenförmig ein, die Hänge erhalten ihr typisches steil-konkaves, semi-arides Hangprofil.

Alt- und Jungpleistozän
vor 2,3 Millionen bis 12.000 Jahren vor heute

Die Klima- und Reliefentwicklung im älteren Pleistozän liegt noch etwas im Dunkeln. Gesichert sind ausgedehnte Schollenrutschungen an den Schichtstufenhängen der Beckenumrahmungen, wie z. B. am Westrand des Mursuk-Beckens. Ihr Abgleiten ist nur in tiefdurchfeuchteten, schluftig-tonigen Schichten möglich. Die Niederschläge müssen also reichlich gewesen sein. Auch die erste Süßwasserseenphase um

120.000 vor heute (B. P., before present) fällt in die feuchtere (semihumide bis humide) Übergangsphase vom Altpleistozän zum Jungpleistozän (Baumhauer, 1986). Die jungpleistozäne Entwicklung beginnt vor zirka 100.000 Jahren mit einer extrem ariden Periode (trockener als heute), in der die Passatwirksamkeit durch verstärkte Windgeschwindigkeiten deutlich zunimmt. Ausgeprägte Windschliffformen und die erste

große Dünenbildung (alte Dünen) sind die Folgen. Die äußerste südliche Verbreitungsgrenze saharischer Dünen wird erreicht. In der weiteren Entwicklung des Jungpleistozäns kommt es um 33.000 bis 30.000 B. P. zu der zweiten großen Süßwasserseenphase in den Stufenvorländern und vor allem in der tektonischen Depression des Tschadbeckens. Der riesige Paläo-Tschad entsteht – wahrscheinlich aus einer Vielzahl

Blick vom Assekrem über die vulkanischen Basaltschlote des Hoggar-Gebirges, Algerien.

157

von miteinander verbundenen Seen. Seine genaue Ausdehnung steht noch nicht fest, die Seeflächenangaben schwanken daher von 320.000 (Besler, 1992, S. 33) bis zu einer Million Quadratkilometer (Busche, 1998, S. 111) bei einer Tiefe von zirka 40 bis 50 Metern. Im Jahr 1960 bedeckte der Tschadsee gerade 20.000 Quadratkilometer und war nur 3,6 Meter tief. Auf jeden Fall müssen im hydrologischen Einzugsbereich des Paläo-Tschad deutlich mehr Niederschläge gefallen sein als heute. Diese zweite Seen- und Sumpfphase endete um 27.000 vor heute und wird von einer etwas trockeneren Phase abgelöst. Eine zweite extreme Trockenperiode mit einem belegten zweiten Dünen-

vorstoß (Zweite Dünenphase) wird für die Zeit von 20.000 bis 12.000 B. P. angenommen. Da aber in den Wadis gleichzeitig ein Mittelterrassenkörper aufgeschüttet wird, müssen in dieser jungpleistozänen Trockenphase auch längere Zeitabschnitte mit feuchterem Klima eingeschaltet gewesen sein.

HOLOZÄN
VON 12.000 B. P. BIS HEUTE

An der Wende vom Pleistozän zum Holozän und im Frühholozän dokumentieren weiträumige limnische Seenablagerungen zusammen mit mächtigen Diatomiteen (Ablagerungen von Kieselalgen), verstärktem Abkommen der Wadis und Erosion der Mittelterrassenkörper einen tief greifenden Klima- und Landschaftswandel: In der ganzen Sahara setzt eine ausgeprägte Feuchtphase mit ausgedehnter Seenbildung und dichterer Vegetationsdecke ein. In den saharischen Hochgebirgen Hoggar und Tibesti gibt es eine reiche Gehölzflora. Die Niederschläge liegen in den Höhenlagen bei über 600 Millimeter im Jahr (Gabriel, 1977, S. 93). Auch die Gebirgsvorländer sind deutlich feuchter als heute. Das Niederschlagsregime begünstigt eine verstärkte Wasserführung der Abflüsse, und die dichtere Vegetation bietet einer reichen Großwildfauna ausreichend Nahrung. Zahlreiche prähistorische Siedlungsreste und Felsgravuren (Petroglyphen) belegen die intensive Siedlungsperiode der Mesolithiker. Bei den Jagdtieren, die in den Felsgravuren dargestellt sind, handelt es sich überwiegend um Savannentiere, die heute zirka 1000 Kilometer südlich der Sahara in der Trocken- und Feuchtsavanne ihren Lebensraum haben (Elefanten, Flusspferde, Giraffen, Antilopen, Kroko-

Versteinerter Wald aus der Rebiana, Südlibyen.

dile usw.). Namensgebend für die frühholozäne Felsbildperiode ist ein heute ausgestorbener Wasserbüffel (Bubalus-Periode).

Um 7500 B. P. setzt ein Klima-Umschwung ein, der die jungholozäne Austrocknung der Sahara einleitet. Die meisten frühholozänen Seen trocknen aus oder versumpfen zu flachen Gewässern mit stark schwankenden Wasserspiegeln der Brackwasserseen. Vor allem in den nördlichen Seen nimmt der Salzgehalt zu.

Dieser Austrocknungstrend wird noch einmal, und zwar letztmalig, durch die jungsteinzeitliche „Neolithische Feuchtphase" von 6500 bis 4500 B. P. (mit ihrem Höhepunkt um 5600 B. P.) unterbrochen. Dieses holozäne Klima-Optimum zeigt sich limnologisch in einer neolithischen Seenphase, in der der Paläo-Tschad nochmals eine maximale Ausdehnung erreicht. Die Vegetationsentwicklung in dieser Feuchtphase ist durch Pollenanalysen und paläobotanische Rekonstruktionen relativ gut bekannt. Die fossilen Pollenspektren mit einer reichhaltigen Pollenflora lassen sich ohne Zwang mit dem Grundmodell der heutigen aktuellen Vegetation erklären (floristische Zusammensetzung und räumliche Anordnung der Vegetationstypen).

Ein entscheidender, landschaftsbestimmender Unterschied bestand allerdings: Die neolithische Vegetationsdecke war in allen Bereichen der Sahara wesentlich ausgedehnter und dichter als die heutige. Der phytoökologisch für die Sahara so entscheidende Übergang von einer „diffusen" zu einer „kontrahierten" Vegetationsdecke vollzieht sich erst postneolithisch mit der endgültigen Austrocknung. Die Gebirgsregionen des Hoggar und des Tibesti zeigen sich in der neolithischen Feuchtphase als besonders

ausgeprägte „Feuchthöheninseln". Mediterrane Trockenwald-Formationen mit Juniperus-, Cupressus-, Ficus- und Oleaarten sind nicht selten. Die wenigen Exemplare der Wilden Olive *(Olea laperrini)* und der Duprezian-Zypresse *(Cupressus dupreziana),* die sich heute noch auf den Tassili-Plateaus bei Djanet (Südost-Algerien) finden lassen, sind die spärlichen, aber markanten Baumrelikte aus dieser Zeit.

Am eindrucksvollsten ist die neolithische Feuchtphase durch prähistorische Felsbilder und jungsteinzeitliche Siedlungsplätze dokumentiert. Auf den grasbestandenen, binnensaharischen Ebenen und um die Süßwasserseen, die sich auch in Dünengebiete hinein

Abgestorbene Bäume zeugen davon, dass die Sahara zunehmend lebensfeindlicher wird.

Seenlandschaft von Mandara,
Libyen.

erstrecken, entfaltet sich eine großartige Hirtenkultur mit herumziehenden Nomaden und großen Rinderherden („Rinderzeit"). Auch der Übergang zu sesshaften Ackerbauern und Fischern ist angezeigt.

Die feuchte, neolithische Sahara war – im Vergleich zu heute – zweifellos klimaökologisch und kulturhistorisch ein relativer Gunst- und Vorzugsraum. In zahllosen Felsmalereien wird dies eindrucksvoll belegt. Eine Übersicht über die einzelnen Felsbildperioden und prähistorischen Kulturen zeigt die Korrelation zur Klimaentwicklung (siehe nächstes Kapitel).

Die postneolithische Klimaentwicklung ist durch eine rasche Austrocknung gekennzeichnet. Um die Zeitenwende ist der hocharide Klimatypus erreicht – die Sahara wird zur extremsten Wüste der Erde. Durch den Eingriff des Menschen und durch den Raubbau an den verbliebenen Standortpotenzialen in den letzten 2000 Jahren werden die saharischen Lebensbedingungen für Mensch, Tier und Pflanze weiter verschlechtert. Desertifikationserscheinungen lassen auch die Wüstenränder zu unbewohnbaren Räumen werden.

SEPP FRIEDHUBER

Doppelseite 164/165:
Krokodil aus dem Wadi Mathendous,
Messak Settafet, Libyen.
Ein Beweis, dass in den Feuchtzeiten
Flüsse bis in die Gebirge der Sahara
gereicht haben.

Steinwerkzeuge zeigen durch die
unterschiedliche Bearbeitung die
Entwicklung der Steinzeitkultur.

Wer heute die Sahara bereist und sie in ihrer Härte und Lebensfeindlichkeit erlebt, kann sich nur mit sehr viel Phantasie vorstellen, dass sie vor gar nicht allzu langer Zeit fruchtbares Land war. Klimaschwankungen und die daraus resultierenden Trocken- und Feuchtperioden haben in den letzten zwei Millionen Jahren einen ständigen Wechsel zwischen Wüste, Steppe und Grassavanne bewirkt. Noch vor 8000 bis 10.000 Jahren müssen Steppen- und Savannenlandschaften ähnlich der Serengeti Ostafrikas die endlosen Weiten der Sahara bedeckt haben und Herden von Büffeln, Elefanten und Giraffen sind grasend darüber hinweggezogen. Die Nebenflüsse des Niger und die Zuflüsse zum Tschadsee reichten weit in die Gebirge hinein, und neben einer Vielzahl von Fischen lebten Krokodile und Nilpferde in den Schluchten und Gueltas. Einige Restpopulationen von Krokodilen haben in verborgenen Wasserstellen Mau-

retaniens und im Ennedi-Gebirge des Tschad weitab von den heute existierenden Flusssystemen überlebt.
Im Lauf der Erdgeschichte hat sich das Klima immer wieder gravierend geändert. Trockene Phasen wechselten mit feuchten. Seit der Mensch begann, die Sahara zu besiedeln, hinterließ er dort Spuren, die Rückschlüsse auf die damaligen Lebensbedingungen erlauben. Die am weitesten zurückreichenden Zeugnisse sind Steinwerkzeuge. Die geographische Lage ihrer Fundstätten beweist die einstige Verbreitung des altsteinzeitlichen Menschen.
Vor 30.000 Jahren fertigten die Ureinwohner auch die ersten Felsgravuren oder Malereien an. In den Gebirgen, an den Wänden der Cañons, Schluchten und Höhlen widerstanden die Kunstwerke der zerstörerischen Kraft der Erosion. Die empfindlicheren Malereien gestalteten die Steinzeitkünstler ausschließlich auf Höhlenwänden oder unter Überhängen. Ocker ist die dominierende Farbe, das zerstampfte Mineralpulver wurde mit dem Milcheiweiß Kasein, mit Blut oder mit Leim gebunden.
Gravuren wie diejenigen im südlichen Libyen ritzten oder schliffen die Steinzeitmenschen in frei liegende Felsplatten. Die berühmtesten Felsbildgalerien findet man im Air-Gebirge des Niger, im Tassili im südlichen Algerien, im libyschen Akakus und Messak, im tschadischen Tibesti in der Schlucht von Gonoa sowie unter Sandsteinüberhängen im Ennedi-Massiv.
Wissenschaftlich gesichert ist, dass die Wurzeln der Menschheit im Bereich des ostafrikanischen Riftvalley liegen. Dort haben die Australopithecinen vor zirka fünf Millionen Jahren den aufrechten Gang entwickelt, und von dort aus hat sich die Menschheit über den

ganzen Erdball verbreitet. Der Fund eines Unterkiefers des *Australopithecus bahrelghazali* im nördlichen Tschad in den Sedimenten südlich des Erg de Djourab durch Prof. Beauvilian und Prof. Brunet wird auf ein Alter von 3,5 Millionen Jahren datiert.

Er beweist, dass der Vormensch schon damals seine ursprünglichen Lebensräume verlassen hat und weit nach Westen vorgedrungen war. Primitive Steinwerkzeuge, die in Algerien gefunden wurden, datierten die Wissenschaftler auf ein Alter von 1,5 bis zwei Millionen Jahren. Sie entsprechen annähernd dem Alter jener Artefakte, die Luis und Mary Leakey in den dreißiger Jahren in der Olduwai-Schlucht in Tansania gefunden haben und die dem ersten echten Menschen, dem Homo habilis, zugeordnet werden.

MENSCHEN DES MORGENS

Erstaunlicherweise gelten bei den Tubu und Tuareg diejenigen Vorfahren, die Steinwerkzeuge hinterlassen haben, als *Imnas bekri*, Menschen des Morgens, also als jene, die aus dem Osten in ihr Land gekommen waren. Die Werkzeugfunde von primitiven Geröllabschlägen des Acheulèen (Altsteinzeit), einer weit verbreiteten Faustkeilkultur der mittleren Steinzeit, bis hin zu den feinen Pfeilspitzen und geschliffenen Steinklingen des Neolithikum beweisen die ununterbrochene Präsenz des Menschen in diesem Gebiet.

Die periodische Abfolge von Trocken- und Feuchtzeiten drängte jedoch seinen Lebensraum immer wieder auf grüne Inseln zusammen oder ließ ihn in den regenreichen Zeiten wieder expandieren.

Ein umfassendes Bild der Kultur und der Lebensbedingungen der Menschen liefern jedoch erst die Zeugnisse aus den letzten 25.000 bis 30.000 Jahren an Hand von unzähligen Felsbildern.

Man nimmt an, dass die Motive für die Gestaltung der Felsbilder aus der mystischen Vorstellungswelt des Menschen entstanden sind, in der er sich mit seiner Abhängigkeit von den jagbaren und später von den gezähmten Herdentieren auseinandersetzte. Daher beschäftigt sich seine Kunst vorwiegend mit tierischen Motiven. Der Mensch selbst kommt verhältnismäßig selten vor und wenn, dann überwiegend in der Darstellung von Jagd- und Hirtenszenen.

Wahrscheinlich versuchte er, auf diese Weise spirituellen Einfluss auf seine Beutetiere zu gewinnen und dadurch die Chance auf Jagderfolg zu erhöhen. Durch bildliche Darstellungen sollte eine mystische Bindung zwischen Mensch und Tier entstehen. Erst in jüngerer Zeit wurden vermutlich religiöse und mystische Vorstellungen durch die Gestaltung von Mischwesen, z. B. menschliche Körper mit Tierköpfen, ausgedrückt.

Im Messak im südwestlichen Libyen legen tausende Felsgravuren ein beeindruckendes Zeugnis vom Leben und der Vorstellungswelt des jungsteinzeitlichen Menschen ab. Das umfassendste Bild ihrer Kultur haben die Rinderhirten des Tassili im südlichen Algerien hinterlassen.

Dort sind Darstellungen von kriegerischen Auseinandersetzungen genauso zu finden wie Jagdmotive, Feste und Szenen aus dem Alltagsleben sowie spielende Kinder oder der Umgang mit verschiedenen Waffen und Geräten.

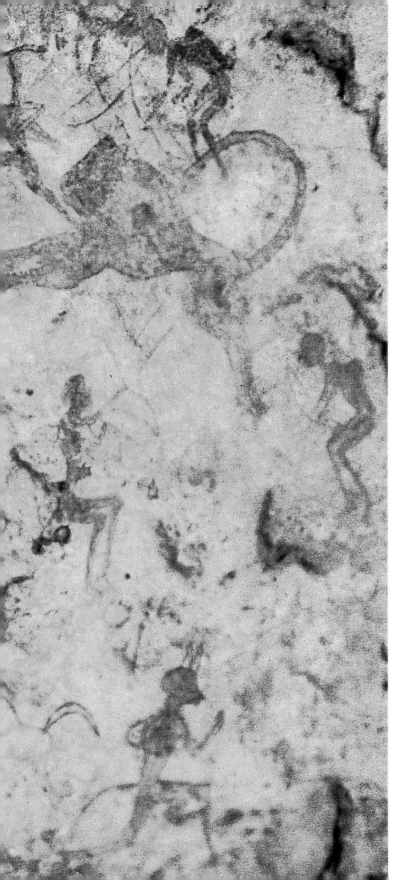

CHRONOLOGIE DER FELSBILDER

Eine Chronologie der Felsbilder lässt sich aus der Abfolge von übermalten Motiven und dem Vergleich der verschiedenen Stile nur annähernd erstellen, und die Datierungen der Experten weichen zum Teil voneinander ab. Lediglich dort, wo aufgrund der Radiokarbonmethode oder der stratigraphischen Abfolge Datierungen vorgenommen wurden, kann man auf exaktere Zeitangaben zurückgreifen. Die traditionelle Zeiteinteilung nach Alfred Muzzolini bezieht sich auf folgende Epochen:

ALTE RINDERZEIT, BUBALUS-PERIODE
8000 BIS 3000 V. CHR.

Eine Jäger- und Wildtierzeit, deren Leitmotiv der mit mächtigen Hörnern ausgestattete große „Alt-Büffel" ist. Man nimmt an, dass es sich dabei um ein Wildtier handelt, das heute ausgestorben ist. Weitere Darstellungen aus dieser Epoche zeigen Großtiere wie Elefanten, Nashörner und Giraffen. Klimatisch fiel diese Periode in eine fruchtbare Feuchtzeit am Ende der letzten Eiszeit, die zirka 10.000 v. Chr. begann und zwischen 6500 und 5000 v. Chr. von einer Trockenperiode unterbrochen wurde.

Die letzte Feuchtperiode in der zentralen Sahara endete 2500 v. Chr. und klang bis zum Beginn unserer Zeitrechnung langsam aus. Die vielfach als eigene Epoche gewertete Rundkopfzeit dürfte, obwohl ihr keine Verbindung zur Bubalus-Kultur zugeordnet wird, ebenfalls in diesen Zeitbereich fallen. Die Altersangaben der Experten weichen stark voneinander ab.

Jagdszene aus dem Wadi Infartan, Akakus, Libyen.

Manche Wissenschaftler ordnen sie noch vor die Bubalus-Epoche um 8000 v. Chr. ein. Andere datieren sie in die jungpaläolithische Feuchtzeit von 4500 bis 2500 v. Chr. Ursprünglich war man der Meinung, dass es im Tibesti und südlich davon keine Rundköpfe gegeben hätte. Doch gut erhaltene Rundkopfdarstellungen von der Fundstelle Terkei aus dem Ennedi-Gebirge beweisen das Gegenteil.

HIRTEN- UND RINDERZEIT
3000 BIS 1500 V. CHR.

Mit dem Wechsel von der Jägergesellschaft zu den landwirtschaftlichen Strategien der Hirtennomaden änderten sich auch die Motive der Felsbilder grundlegend. Die Darstellungen von Haustieren traten in den Vordergrund.

Das domestizierte Rind als Ernährungsbasis der Menschen löste die Wildtiere der älteren Epoche ab und wurde zum dominierenden Motiv, das in tausendfachen Darstellungen zu finden ist. Diese Periode wird von zwei großen Gruppen von Hirtennomaden geprägt. Die aus dem Süden kommende negroide Sefar-Ozaneare Gruppe zeigt in ihren sehr naturalistisch gestalteten Malereien Abbildungen von Rinderherden mit kaum bekleideten Hirten und eindeutig negroidem Einschlag.

Die zweite Gruppe, die europide Iheren-Tahilahi-Leute, stammt aus dem Norden. Wie man auf den Bildern sehen kann, waren es hellhäutige Menschen, die, aus dem Mittelmeerraum kommend, mit ihren Herden in die fruchtbaren Steppen der nördlichen Sahara zogen. Im Gegensatz zur negroiden Gruppe trugen sie reich geschmückte Kleidung.

Das erstmalige Auftauchen von Kleinvieh in den Abbildungen wird als Hinweis auf das Austrocknen der Weidegründe und die damit verbundene Verschlechterung der Lebensbedingungen gewertet.

Die Iheren-Tahilahi dürften mit den Vorfahren der hellhäutigen Berber verwandt sein. Sie sind – von Norden kommend – bis in die zentrale Sahara, ins Tassili- und Akakus-Gebirge vorgedrungen.

Linke Spalte:

*Giraffe mit Tretfalle,
früher Jägerstil,
Messak Settafet, Libyen.*

Rechte Spalte:

*Frau in Kleidung mit geschmückten
Rindern und Hunden,
Messak Settafet, Libyen.*

*Rundköpfe, übermalt mit Motiven
aus der Rinderzeit,
Terkei, Ennedi, Tschad.*

*Jagdszene aus der Pferdezeit,
Terkei, Ennedi, Tschad.*

*Seite 170:
Bubalus, Messak Settafet, Libyen.*

Mohamed Zimber zeigt uns seine Ahnengalerie anhand von Bildern aus der späten Rinderzeit in den Höhlen von Terkei, Ennedi, Tschad.

PFERDEZEIT
1000 V. CHR. BIS CHRISTI GEBURT

Um 1000 v. Chr. tauchten erstmals Darstellungen von Kampfwagen auf und kündigten die Pferdezeit an. Diese ist zeitlich gesichert, wie um 500 v. Chr. aus Berichten Herodots über die Garamanten zu entnehmen ist. Sie beherrschten damals den Fezzan im südwestlichen Libyen, und ihre Kriegszüge mit den pferdebespannten Streitwagen flößten den Gegnern Angst und Schrecken ein.

Szenen aus dem Ennedi zeigen sogar eine Treibjagd mit Pferden auf eine große Raubkatze – es muss sich entweder um einen Leoparden oder einen Geparden gehandelt haben.

Um Christi Geburt kam das domestizierte Kamel von Asien nach Afrika und löste das Pferd ab. Durch die damals beginnende Ausbreitung der Wüste war es den Pferden und Rindern nicht mehr möglich, die großen Distanzen zwischen den Brunnen und Wasserstellen zu überbrücken. Da das Kamel lange Zeit ohne Wasser auskommt, war es mit ihm möglich, wochenlange Märsche zu weit entfernten Oasen oder sogar die Durchquerung der Sahara zu bewältigen.

Damit war die Karawanenkultur entstanden, die auch heute noch – trotz motorisierter Fahrzeuge – für die Bewohner der Sahara von großer Bedeutung ist.

WÜSTE

REINHARD KLAPPERT

Seite 175:
Sanddüne in den Trommelbergen,
östliches Tibesti.

„Denn die Wüste ist nicht wüst und sie ist nicht tot. Sie ist voller Farbe, und die Weite des Landes, die Unendlichkeit des bleiblauen Himmels, die Ungebundenheit und Freiheit, die überall herrscht, färben auf jeden ab und verändern auf rätselhafte Weise sein Inneres. Keiner kommt gleich aus der Wüste zurück, wie er hineingegangen ist, denn die weite Urlandschaft packt jeden, ob er will oder nicht."

So begeistert schildert der Saharaforscher René Gardi seine Liebschaft mit den Wüsten dieser Erde. Eine Attacke gegen landläufige Klischeevorstellungen von den ariden Ödlandgürteln an den Wendekreisen. Penetrant und unauslöschbar die Ansicht, Wüste sei etwas schrecklich Hässliches, bloß weil ihre Lebensfeindlichkeit die Menschen nicht mit Nahrung und Geborgenheit hätschelt. Wüste kann uns nicht Heimat auf Dauer sein, wir brauchen die Gewissheit eines Brunnens, einer Oase, aber sie kann als Quelle kontemplativer Reflexion und Einsicht Heimat geben – auf Zeit. Ein Aufenthalt in der Wüste kann, einer Droge gleich, in hypnotischen Bann schlagen.

An rhetorische Grenzen der Erzählkunst stößt, wer eine solche Reise durchs Innenleben, versorgt mit den Einflüsterungen dieser so gnadenlosen wie lauteren Umgebung, als faszinierend, überwältigend eindrucksvoll, als oft erschütternde Grenzerfahrung menschlicher Erlebniskapazität darzustellen versucht. Toter, kosmischer Staub, sonst nichts und doch alles, nackte Urnatur, darauf hartes klares Licht. Die Erzählkunst versagt, ein rhetorischer Schiffbruch.

Die Wüste spricht in Mustern und Bildern, einprägsam, deutlich und verständlich, aber zur Seele, nicht zum Hirn. Und Seelensprache erzählt sich nicht.

Kaum zu tilgen, der sture Wahn, Wüste sei nicht mehr als Sand, Sand, fader Sand bis zum Horizont – bestenfalls zu pittoresken Dünen aufgeworfen. Ansonsten ein langweiliger Backofen, als einzige Sensation brüllende Hitze und quälender Durst, und kurz bevor man zu Satanas in die Gehenna fährt, narren flirrende Fata Morganas den Sterbenden.

Versehen mit verzerrten Attributen und gestraft mit irrigen Anschauungen, wird die Wüste vom Menschen nicht etwa zum Formenschatz der Geomorphologie gestellt, sondern ins Abseits seiner Wertschätzung.

Ein unnötiger, ein vermeidbarer Verzicht. Die Wüste ist keine „Landschaft", sondern die Präsenz einer Naturkatastrophe, das Experiment der Lebensfeindlichkeit, die Herrschaft der toten Materie.

Am Beginn jeder Nahrungskette steht das Mineral, der tote Stein als Bestandteil des Kreislaufs. Schon allein deshalb ist die Wüste nicht tot, kommt Leben aus den Steinen, selbst dort, wo die Wüste so wüst ist, dass wirklich nichts zu existieren scheint.

Von den neun bekannten Planeten unseres Sonnensystems gilt für acht die Wüste als einzig mögliche Oberflächenform. Nur die Erde schert aus der offensichtlich gängigen Norm aus. Nicht zuletzt deshalb vermitteln die Bilder unserer Wüsten eine vage Ahnung von fremden Planeten, von unserer Zugehörigkeit zum Weltall.

Wüste ist ein wahres Stück Erde, in Wildnis urbelassen und unbehelligt von der Beutegier der Lebewesen. Sie ist nicht tot, weil nichts sterben kann, was nicht lebt. Staub und Steine sind nichts Totes, sie haben nie gelebt. Die Wüste ist die Reinheit selbst, die Beschränkung auf das Wesentliche, wo nichts wichtig ist als

*Fossilführende Zeugenberge mit
marinem Ursprung.
Weiße Hadrush, Libyen*

allein die Tatsache, dass es überhaupt etwas gibt und
eben nicht das Nichts.

Die Wüste ist eine verhaltene Erinnerung an die ord-
nende Kraft im Chaos. In ihr wohnt das Urgesetz
selbst in alleiniger Gültigkeit.

Wer die Wüste nicht gesehen hat, kennt unseren Planeten nicht, muss ein Stück wahrer Erde entbehren.

Eine Reise dorthin birgt die Möglichkeit, mit einer
aufs Grundmuster, auf die Bausteine reduzierten
Natur, mit der Reinheit ins Reine zu kommen.

BIBLIOGRAFIE

Baldur, G. (1977): Zum ökologischen Wandel im Neolithikum der östlichen Zentralsahara. In: Berliner Geographische Abhandlungen, Band 27

Baldur, G. (1982): Die Sahara im Quartär. Klima-, Landschafts- und Kulturentwicklung. In: Geographische Rundschau 34/1982, H. 6, S. 262–268

Baumann, P. u. E. Patzelt (1980): Das Amazonas Dschungelbuch. Berlin, Ullstein 1980

Baumhauer, R. (1986): Zur jungquartären Seenentwicklung im Bereich der Stufe von Bilma (NE-Niger). Würzburg, Inst. f. Geographie d. Univ. Würzburg 1986 (= Würzburger Geographische Arbeiten 65)

Baumhauer R., D. Busche u. B. Sponholz (1989): Reliefgeschichte und Paläoklima des saharischen Ost-Niger. In: Geographische Rundschau 41/1989, H. 9, S. 493–499

Bechly, G. (1998): Santana, die Schatzkammer fossiler Insekten in Fossilien Jg. 15/1998/Nr.2 S. 95-99. 6. Abb.

Behra, O. (1994): Crocodiles on the desert's doorstep. In: Crocodile Specialist Group Newsletter 13/1994, No. 1, S. 4–5

Besler, H. (1992): Geomorphologie der ariden Gebiete. Darmstadt, Wiss. Buchgesellschaft 1992 (=Erträge der Forschung 280)

Bode, P. (1992): Louvre der Steinzeit. In: GEO Special 6/1992, Sahara, S. 48–56

Böhme, W. (2000): Die wechselvolle Geschichte der Sahara: Untersuchungen von Reptilienzönosen entlang eines westsaharischen Transsekts, mit einem überraschenden Fund im Südosten Mauretaniens. In: Tier und Museum, Zoologisches Forschungsinstitut Museum König 7/2000, S. 11–21

Brunet Michel et al. „A new hominid from the Upper Miocene of Chad, Central Africa." http://www.nature.com/cgi-taf/DynaPage.taf?file=/nature/journal/v418/n6894/full/nature00879_fs.html (3 April 2004).

Busche, D. (1998): Die zentrale Sahara: Oberflächenformen im Wandel. Gotha, Klett-Perthes 1998 (=Perthes Geographie im Bild)

Davis, S. P. u. D. M. Martill (1999): The Gonorynchiform fish Dastilbe from the lower Cretaceous of Brazil. In: Paleontology 42/1999, Part 4, S. 715–740, 4 Fig., 4 pls.

Durou, J. M. (1993): In der Tiefe der Sahara. München, Bucher 1993

Gabriel, B (1977): Zum ökologischen Wandel inm Neolithikum der stlichen Zentralsahara. In: Berliner Geographische Abhandlungen Bd. 27, 96 S.

George, U. (1992): An den Seen von Ounianga lagen einst die Quellen des Amazonas. In: GEO Special 6/1992, Sahara, S. 96–97

George, U. (1995): Entdeckungen im Herzen der Leere. In: GEO 10/1995, S. 20–50

George, U. (1993): Die Wüste. Hamburg, Gruner u. Jahr 1993 (GEO)

George, U. (1995): Durch die Wüste lebt der Regenwald. In: Geo 3/1995, S. 14–40

Gießner, K. (1981): Die jungquartäre Klimageschichte der Sahara: Stand und Vergleich der bisherigen Forschungsergebnisse. In: Geographische Probleme der Trockenräume der Erde. Hrsg. v. K. Gießner u. H. G. Wagner. Würzburg, Inst. f. Geographie d. Univ. Würzburg 1981 (= Würzburger Geographische Arbeiten 53), S. 111–127

Gießner, K. (1988): Sahara – Die große Wüste als Forschungsgebiet der Physiogeographie. Eichstätt 1988 (=Eichstätter Hochschulreden 50)

Gießner, K. (1989): Die Sahara im Überblick: Sahara – Geographische Einführung in den Naturraum. In: G. Göttler (Hrsg.): Die Sahara. Mensch und Natur in der größten Wüste der Erde. 3. Aufl. Köln, DuMont 1989, S. 12–41

Grabert, H. (1976): Das Amazonas-Schersystem. In: Neues Jahrbuch der Geologie und Paläontologie 1976, Monatshefte 1, S. 1–20, 4 Abb.

Grabert, H. (1983): Das Amazonas-Entwässerungssystem in Zeit und Raum. In: Geologische Rundschau 72/1983, No. 2, S. 671–683, 2 Abb.

Grabert, H. (1981): Der Amazonas – Geschichte und Probleme eines Stromgebietes zwischen Pazifik und Atlantik. Berlin u. Heidelberg, Springer 1981

Grunert, J. (1983): Geomorphologie der Schichtstufen am Westrand des Murzuk-Beckens (Zentrale Sahara). Berlin, Borntraeger 1983 (= Relief, Boden, Paläoklima 2)

Hagedorn, H. (1987): Wüstenforschung. In: Geographische Rundschau 39/1987, H. 7–8, S. 376–385

Hay, W. W. (1995): Cretaceous Paleoceanography. In: Geologica Carpathica 46/1995, No. 5, S. 257–266, 12 Fig.

Hugot, H. u. M. Bruggmann (1984): Zehntausend Jahre Sahara. Luzern u. München, Bucher 1984

Joleaud, L. (1933): Etudes de Geographie zoologique sur le Bernerie. In: Bulletin de la Societe Zoologique de France 58/1933, S. 397–404

Kohl, E. (1990): Libyen – Fezzan. Graz, Weishaupt 1990

Kohl, E. (1993): Nomadenreiche. Vom Jordan zum Atlantik. Graz, Weishaupt 1993

Krömmelbein, K. (1966): On „Gondwana Wealden" Ostracoda from NE Brazil and West Africa. In: Proceedings of the second West African

Micropaleontological Colloquium. Leiden 1966, S. 113–119, 1 Fig

Kröpelin, St. (1999): Terrestrische Paläoklimatologie heute arider Gebiete: Resultate aus dem Unteren Wadi Horvar (Südöstliche Sahara/Nordwest-Sudan). In: E.Klitzsch u. U. Thorweihe (Hrsg.): Sonderforschungsbereich Geowissenschaftliche Probleme in ariden und semiariden Gebieten. Weinheim, Wiley–VCH 1999, S. 446–506

Kuper, R. (1984): Sieben Fragen zur Felsbildkunst. Köln, DuMont Landschaftsführer 1984. S. 311–319

Lundholm, B. (1979): Ecology and Dust Transport. In: C. Morales: Saharan dust: mobilization, transport, deposition; papers and recommendations from a workshop held in Gothenburg, Sweden, 25–28 April 1977. Chichester, Wiley 1979, S. 61–68

Kusnir, J. (1995): Geologie, Ressouces Minerales et Ressources en Eau du Tschad. In: Travaux et Documents Scientifiques du Tschad: Connaissance du Tschad I. N´Djamena 1955, S. 1–116, 33 Fig., 23 Photogr.

Lutz, R. U.G. (1995): Das Geheimnis der Wüste. Die Felskunst des Messak Settafat und Messak Mellet – Libyen. Innsbruck, Golf-Verlag 1995

Messerli, B. (1980): Die afrikanischen Hochgebirge und die Klimageschichte Afrikas in den letzten 20.000 Jahren. In: H.Oeschger u. a. (Hrsg): Das Klima: Analysen und Modelle, Geschichte und Zukunft. Berlin, Springer 1980, S. 64–90, 10 Abb.

Maisey, J. G. (Hrsg) (1991): Santana-Fossils. An illustrated Atlas. Contributions to JUGS-IGCP Project No. 242, The Cretaceous of South America T. F. H. Publications, S. 1–459, USA Plaza, Neptun City New Jersey

Nachtigal, G. (1879–1889): Sahara und Sudan. 3 Bde. Berlin, Weidmannsche Buchhandlung 1879–1889.

Pachur, H.-J. (1987): Vergessene Flüsse und Seen der Ostsahara. In: Geowissenschaften in unserer Zeit 5/1987, S. 55–64

Pellegrin, J. (1911): Les vertrebres aquatiques du Sahara. In: Compte rendu de l´Academie des Sciences Paris 153/1911, S. 972–974

Rossmann, S. (2000): Alfred Wegener und die Mesosaurier. In: Natur und Museum 130/2000, 11, S. 378–388, 11 Abb.

Sahara – 10.000 Jahre zwischen Weide und Wüste. Handbuch zu einer Ausstellung des Rautenstrauch-Joest-Museums für Völkerkunde in Köln. Köln o. J.

Simon, K. F. (1997): Die Fossilien der Santana-Formation der Chapada do Araripe, Brasilien. Messethemenheft. München, Selbstverlag Mineralientage (1997)

Sioli, H. (1965): Bemerkungen zur Typologie amazonischer Flüsse. Amazoniana 1/1965, S. 74–83

Skowronek, A. (1987): Böden als Indikator klimagesteuerter Landformung in der zentralen Sahara. Berlin, Borntraeger 1987 (=Relief, Boden Paläoklima 5)

Stanley, S. M. (1994): Historische Geologie. Eine Einführung in die Geschichte der Erde und des Lebens. Heidelberg, Spektrum 1994

Staudinger, P. (1929: Krokodile in der Innersahara und in Mauretanien. In: Sitzungsberichte der Gesellschaft naturforschender Freunde zu Berlin 1929, S. 141–142

Seyfried, H. u. a. (1994): Eine kleine Landschaftsgeschichte der Anden in Nordchile. In: Wechselwirkungen, Jahrbuch Universität Stuttgart 1994, S. 60–72, 21 Abb.

Striedter, K.-H. (1984): Felsbilder in der Sahara. München, Prestel Verlag GmbH & Co. (Broschiert - November 1995)

Wegener, A. (1915): Die Entstehung der Kontinente und Ozeane. 1. Aufl. Braunschweig, Vieweg 1915

Zeil, W. (1986): Südamerika. Stuttgart, Enke 1986

GLOSSAR

Aridität, arid: typisches Wüstenklima mit höherer Verdunstungsrate als Niederschlagsmenge

Äolisch: durch Wind verursachte Erscheinungen, wie Ablagerungen, Formen

Brackisch: in der Mischzone von Meer- und Süsswasser

Caldera: Kraterkessel eines Vulkans

Diatomeen: einzellige Algen mit Schalen aus Kieselsäure, gesteinsbildend

Erosion: Abtragung und Zerstörung von Gesteinen und Böden durch Wasser, Wind, Gletscher und Meeresbrandung

Fossil: versteinerte Überreste ausgestorbener Tiere und Pflanzen, bzw. deren Spuren

Glazialzeiten: von Kaltzeiten geprägte Vereisungsphasen

Geomorphologie: Lehre von den Formen und Erscheinungsbildern der Erdoberfläche

Hyläa Amazonica: das von immergrünem Regenwald bedeckte Gebiet am Amazonas und Orinoko

Kontinentaldrift: Theorie über die Bewegungen und Verschiebungen der Kontinentalplatten, begründet von Alfred Wegener (1880–1930)

Korrasion: Abschliff von Gesteinen durch im Wind enthaltene Sandpartikel

Limnisch: an das Süßwasser gebundene Vorgänge, Produkte und Ablagerungen

Paläontologie: Wissenschaft, die sich mit der Untersuchung der Überreste vorzeitlicher Lebewesen beschäftigt

Passat-Wendekreiswüste: Bezeichnung für die Wüstenzonen beiderseits der Wendekreise, die vom Einfluss der Passatwinde geprägt sind. Die Sahara ist ein typisches Beispiel dafür.

Plattenkalke: fein geschichtete Kalkablagerungen

Plattentektonik: heute gültige Theorie von den globalen Bewegungen ozeanischer und kontinentaler Platten

Rift: geologisches Grabenbruchsystem, das zum Zerbrechen kontinentaler Platten führen kann

Sedimente: Sammelbezeichnung für Gesteinsablagerungen

Triple Junktion: dreifach Kreuzung von Grabenbrüchen

Tektonik: Lehre vom Bau der Erdkruste und den Kräften und Bewegungsabläufen, die auf sie wirken

Terrestrisch: auf der festen Erdoberfläche vorkommende Erscheinungen, Kräfte, Formen

REGISTER

Die Autoren

Sepp FRIEDHUBER

Prof. Mag., geboren 1948 in Ansfelden/Oberösterreich, Studium der Biologie und Geowissenschaften, AHS-Lehrer in Linz, Lehrbeauftragter der Bundesanstalt für Leibeserziehung in Linz für Alpinausbildung. Erste Expedition nach Südamerika 1973 mit einigen Erstbesteigungen in der Königskordillere. 17 Reisen und Expeditionen nach Südamerika, neun Reisen nach Asien und 22 Reisen nach Afrika.
Mitarbeit an zahlreichen Fernsehdokumentationen für „Land der Berge". Immer wieder preisgekrönte Bilder bei nationalen und internationalen Fotowettbewerben. 2001 Staatsmeister für künstlerische Fotografie in der Sparte Dia.
Die Universum-Dokumentation „Ur-Amazonas. Fluss aus der Wüste" wurde beim „Internationalen Berg- und Abenteuer Filmfestival" in Graz mit der „Goldenen Kamera" ausgezeichnet. Außerdem erhielt sie den höchsten österreichischen Fernsehpreis durch den Kurier: die „Goldene Romy 2001".

Klaus GIESSNER

Prof. Dr., geboren 1938, studierte von 1957 bis 1964 an den Universitäten Würzburg und Hannover Geographie, Geologie, Biologie und Chemie. 1964 Promotion, von 1964 bis 1968 Koordinator des DFG-Schwerpunktprogrammes „Afrika-Kartenwerk"; 1975 bis 1984 C3-Professor und Leiter der Afrika Abteilung am Geographischen Institut der Universität Würzburg; 1984 Lehrstuhl für Physische Geographie der Katholischen Universität Eichstätt. Forschungsschwerpunkte: geomorphologische, klimatisch-hydrologische und geoökologische Probleme Nordafrikas, der Sahara und der Sahel-Sudan-Zone Westafrikas.

Herbert HABERSACK

Dr. med., Mag. art., geboren 1958 in Linz, Dokumentarfilm- Regisseur und -Autor. Zahlreiche zum Teil international preisgekrönte Film- und TV-Produktionen, u. a.: „Ein Leben für die Königin", „Automat Kalaschnikow", „Uramazonas – Fluss aus der Wüste". Rocky Award Banff TV Festival 1999, Goldene Kamera beim Berg- und Abenteuer Filmfestival Graz 2000, Romy Preisträger 2001. Lehrbeauftragter an der Universität für Musik und Darstellende Kunst in Wien, Abteilung Film und Fernsehen und an der Fachhochschule St. Pölten, Telekommunikation und Medien.

Gero HILLMER

Prof. Dr., geboren 1936 in Elsfleth an der Weser, studierte Geologie und Paläontologie an den Universitäten Hamburg, Tübingen und Sorbonne/Paris. Nach Diplom, Promotion und Habilitation wurde er 1978 Professor an der Universität Hamburg. Er ist Autor und Herausgeber mehrerer Bücher. Sein besonderer Schwerpunkt ist die Bryozoenforschung. Zahlreiche Forschungsexpeditionen: Sahara, Mongolei, Spitzbergen, China, Philippinen, Neuseeland.

Friedhelm THIEDIG

Prof. Dr., geboren 1933 in Blumberg, Mark Brandenburg. Geologiestudium in Halle an der Saale und in Tübingen. Promotion 1965 in Tübingen. 1977 wurde er zum Wissenschaftlichen Rat und Professor an der Universität Hamburg ernannt. 1987 Berufung an die Universität Münster auf den Lehrstuhl für Historische und Regionale Geologie. Zahlreiche wissenschaftliche Veröffentlichungen. Forschungsexpeditionen in den Iran, nach Spitzbergen, Grönland, Antarktis, Libyen, Chile, Bolivien, Peru und in Europa.

DANK

An unsere Frauen und Familien. Projekte wie diese können nur verwirklicht werden, wenn Freiräume möglich sind. Und an die Persönlichkeiten, die zum Gelingen des Buches und des Filmprojektes beigetragen haben:

Dieter Pochlatko, epo-film Produzent
Werner Fitzthum, ORF, Universum
Dr. Walter Köhler, ORF, Universum
Andrew Salomon, Doc Star
Ruth Omphalius, ZDF

Wolfgang Knöpfler, Produktionsleitung
Hilde Petrus, Produktionsleitung
Susanne Biro, epo-film
Sepp Neuper, Kamera
Heinzi Brandner, Kamera
Joe Knauer, Tontechnik
Klaus Achter Kameraassistent
Martin Schmachtl, Kameraassistent
Peter Schühle, Ultralight-Pilot
Martin Biribauer, Filmschnitt
Kurt Adametz, Filmmusik
Mohamed Zimber, Guide und

Cheffahrer Tschad
Marlene El-Guni, Location Manager, Tschad
Mr. Maina Tschad Voyage
Hassan, Abd el Salam, Ali, Jussuf, Celestin, Fahrer und Koch, Tschad
.GRACE Communications, Wien
Jörg Pfeifer, Location Manager, Brasilien
Annesuse und Michael Schwickert, Location Manager, Brasilien
Gudrun Sperrer, Location Manager, Peru
Helmut Schrenk

Franz Laznik, Location Manager, Ecuador
Dr. Gisela Grabert-Schlichting
Mag. Peter Praschag
Prof. Dr. Wolfgang Böhme
Dr. Fritz Trupp
Dr. Rudolf Federmair
Mag. Werner Pichler
Adi Wegschaider
Werner Urbanek
Tanja und Dr. Hannes Pögl
Veronika Wlcek

Impressum

Umwelthinweis:
Der Inhalt dieses Buches wurde auf Papier
mit chlorfrei gebleichtem Zellstoff gedruckt.
Das Einbandmaterial ist recyclebar.

Die Deutsche Bibliothek – CIP-Einheitsaufnahme
Uramazonas - Fluss aus der Sahara / Sepp Friedhuber.
Graz/Austria: Akad. Dr.- und Verl.-Anst., 2006
ISBN 13: 978-3-201-01876-0
ISBN 10: 3-201-01876-7

Layout und Gestaltung:
Herbert Lenz, Sepp Friedhuber

Skizzen:
Herbert Lenz, Thomas Mielaner, Klaus Gießner, Claudia Pietsch

Schutzumschlag:
Peter Salmutter, Akademische Druck- u. Verlagsanstalt

Bildnachweis:
Franz Aberham: S. 96/97, 125 links
Alfred Havlicek: 151, 160, 161
Gero Hillmer: S. 149 oben
Klaus Gießner: S. 144, 150, 157

Engelbert Kohl: S. 164/165, 168, 170, 171 links und rechts oben
A. Schwickert: S. 68, 69
NASA: S. 58, 76, 80, 119, 153
National Oceanic and Atmospheric Administration, Washington
    D. C.: S. 153 unten
Mountain High Maps, Dappahannock, USA: S. 14, 15, 23
Gustav Nachtigal, Sahara und Sudan, Berlin 1879/1889: S. 79,
    128
Wildlife Bild- & Textagentur, Hamburg: 37
Alle übrigen Bilder: Sepp Friedhuber

Gesamtherstellung:
Druckhaus Tecklenborg, D-48565 Steinfurt

2. Auflage 2006
© Akademische Druck- u. Verlagsanstalt, Graz 2006

ISBN 13: 978-3-201-01876-0
ISBN 10: 3-201-01876-7